Rainer Lauer

Angeln
und Urlaub

D1719951

Müller
Rüschlikon

Impressum

Einbandgestaltung: Katja Draenert

Wir danken allen Tourismusverbänden, Tourist Informationen, Kurverwaltungen für ihre Unterstützung.

Bildnachweis:
Tourismusverband Mecklenburg-Vorpommern e.V., Tourist Information der Stadt Friedrichstadt, Husumer Bucht e.V.
Kurverwaltung Nordsee-Heilbad Büsum, Harzer Verkehrsverband e.V., Tourist-Information Bispingen,
Tourismusverband e.V. Oberlausitz, Tourist-Info-Plön, Südsauerland Touristik, Staatsbad Norderney,
Stadt Leer/Ostfriesland, Informationsbüro Wesenberg, Tourismus-Zentrale Hamburg GmbH, Tourismusverband
Sächsische Schweiz, Tourismusverband „Mecklenburgische Seenplatte"e.V., Stadt Kappeln, Tourismusverband
Erzgebirge e.V., Presseamt der Stadt Kiel, Fremdenverkehrsverband Thüringer Wald e.V., Rheingau-Taunus
Information, Tourist-Information Spessart-Main-Odenwald, Kreisverwaltung Cochem-Zell, Fremdenverkehrsverband
Odenwald-Bergstraße-Neckartal e.V., Tourismusverband Ostbayern e.V., Tourist-Information Steigerwald, Tourismus
Südlicher Schwarzwald, Touristik-Gemeinschaft Schwäbische Alb, Tourismus-Marketing GmbH Baden-Württemberg,
Tourismusverband Bodensee-Oberschwaben e.V., Tourismusverband Allgäu / Bayerisch-Schwaben e.V.,
Tourismusverband Starnberger Fünf-Seen-Land, Landeshauptstadt München, Referat für Arbeit und Wirtschaft, Passau
Tourismus e.V., Tourismusverband Chiemgau, Chiemsee Tourismus e.V. CoKG.

ISBN 3-275-01583-4
ISBN 978-3-275-01583-2

Sie finden uns im Internet unter:
www.mueller-rueschlikon.de

1. Auflage 2006

Lektorat: Frank Weissert
Text, Konzeption und Gestaltung: MAP Rainer Lauer
Rezepte: Settimo De Francesco, Rainer Lauer
Fotos: Manfred Holl
Druck und Bindung: Graspo, CZ-76302 Zlin
Printed in Czech Republic

Vorwort

Angeln mit der Familie! - Geht das?

Jeder Urlaub, und ganz speziell ein Angelurlaub, verlangt eine sorgfältige Planung. Man möchte einmal in Gewässern fischen, die bessere Voraussetzungen bieten als die eigenen oder bereits bekannten Reviere. Andererseits soll die Familie in den kostbarsten Wochen des Jahres nicht zu kurz kommen.

Wir stellen Ihnen in diesem Titel attraktive Gewässer für den Angler vor und am Ende des Buches erhalten Sie, Adressen der Landesanglerverbände die Ihnen noch weitere Informationen über Angelbedingungen und Ausgabestellen der Regionen nennen.

Damit das Ganze auch zu einem Familienurlaub werden kann, haben wir in den schönsten Regionen Deutschlands nicht nur die anglerischen, sondern die familiären und touristischen Wünsche mit einbezogen. Sie finden hier Freizeit- und Erlebnisparks, Zoos und Tierparks, Erlebnismuseen, Freilichttheater, Feste und regionale Ereignisse, Festivals und und und .....

Aus jeder dieser beschriebenen Region haben wir noch ein typisches und leckeres Fischgericht ausgesucht, nachgekocht und fotografiert. Das Rezept liefern wir gleich mit.
Da die frühen Morgen- und späten Abendstunden zu den besten Fisch- und Fangzeiten gehören, bleibt tagsüber genügend Zeit, den Urlaub mit der Familie aufregend zu gestalten.
Wir wünschen Ihnen eine schöne Urlaubszeit, Petri Heil und viel Spaß und gutes Gelingen beim Nachkochen der regionalen Rezepte.

Rainer Lauer
Autor

Die schönsten Ferien- und Angelziele   Seite

 = Kulinarisches    = Gewässer   ★ =Touristik

Die schönsten Ferien- und Angelziele   **Seite**

♕ = Kulinarisches   ⟤⟅ = Gewässer   ★ =Touristik

Die schönsten Ferien- und Angelziele   Seite

☖ = Kulinarisches    = Gewässer   ★ =Touristik

Die schönsten Ferien- und Angelziele   **Seite**

🍳 = Kulinarisches   = Gewässer   ★ =Touristik

Die schönsten Ferien- und Angelziele   Seite

♛ = Kulinarisches   = Gewässer   ★ =Touristik

Die schönsten Ferien- und Angelziele   Seite

👨‍🍳 = Kulinarisches   🐟 = Gewässer   ★ =Touristik

Die schönsten Ferien- und Angelziele　　　Seite

👨‍🍳 = Kulinarisches　　🐟 = Gewässer　　★ =Touristik

Die schönsten Ferien- und Angelziele　　Seite

👨‍🍳 = Kulinarisches　　🐟 = Gewässer　　★ =Touristik

Schleswig-Holstein/ Nordsee

Am Nationalpark
Schleswig - Holsteinisches - Wattenmeer

Tipp:
Meerforellenflüsse
Treene und Eider.

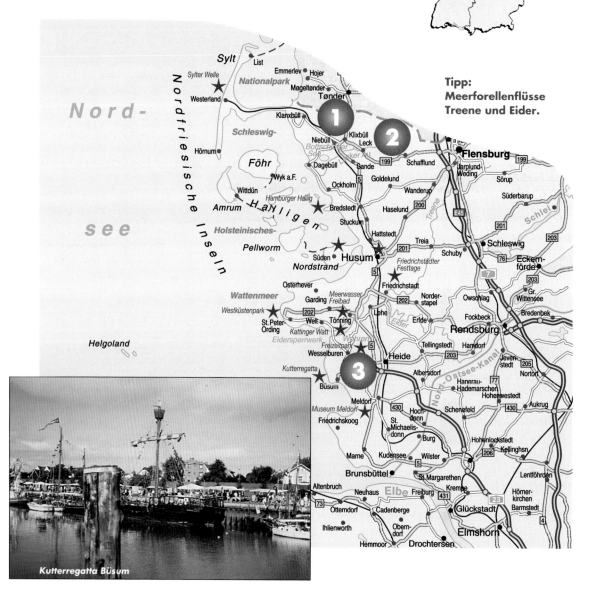

Kutterregatta Büsum

Eines der schönsten Urlaubsgebiete in Deutschland ist die Küste zwischen Dänemark und der Elbmündung. Dies sind die Nordfriesischen Inseln und das Land hinter den Deichen.

Nirgendwo findet der Angler vielfältigere Angelmöglichkeiten als in diesem Urlaubsparadies. Ob Hochseefahrten, Brandungsangeln oder Fried- und Raubfischangeln in den Binnenseen, zahllosen Flüssen, Kanälen und Bächen, all das wird Ihren Urlaub zum Erlebnis machen.

Dieser Landstrich entlang der Nordsee präsentiert sich heute mit allen Segnungen des modernen Tourismus. Zwischen Sylt und Brunsbüttel findet der Angler mit seiner Familie viel Natur, herrliche Strände, Dünen, Watt und die inzwischen traditionelle Gastfreundschaft.
Das Wetter ist hier besser als sein Ruf, und die Luft ist rein und klar. Auch wenn ab und zu der „Blanke Hans" meist aus Nordwest gegen die Inseln und die Küste peitscht, geht der Urlauber dick vermummt über den Deich und genießt die Vielfalt des norddeutschen Urlaubsvergnügens.

Kutterscholle mit Speck und Krabben

Zubereitung:

Die Schollen werden unter fließendem Wasser gesäubert und zum besseren Durchbraten entlang der Rückengräte aufgeschnitten.
Dann werden sie mit dem Saft der Zitrone beträufelt, mit Salz leicht eingerieben und von beiden Seiten mit Mehl bestäubt. Bei mittlerer Hitze brät man die Schollen auf jeder Seite etwa

5 Minuten in der Butter, bis sie goldbraun sind. Die fertigen Schollen stellt man warm.
Der durchwachsene Speck wird in kleine Würfel geschnitten und in der Butter, die in der Pfanne verblieben ist, ausgebraten. Zum Schluss gibt man die Krabben dazu und lässt diese heiß werden.
Auf den vorgewärmten Tellern werden

die Schollen angerichtet und die Speckwürfel und Krabben darüber verteilt.
Das Ganze wird mit der fein gehackten Petersilie bestreut. Als Beilage gibt es Salzkartoffeln in Buttersauce und einen Salat der Saison, oder hausgemachten Kartoffelsalat.

Zutaten:	
(für 4 Personen)	
4	küchenfertig vorbereitete Schollen à ca. 400 g
1	Zitrone
	Salz
1 El	Mehl
1 El	Butter
200 g	durchwachsenen Speck
200 g	geschälte Krabben
1/2	Bund Petersilie

Empfehlung:
dazu ein trockener Riesling
Hochheimer Stielweg

Gewässerinformationen

Bottschlotter See

Fischvorkommen:
  Aal, Hecht, Zander, Karpfen, Schleien, Barsch, Weißfische.
Fangbestimmungen:
  Keine, es darf mit 4 Ruten gefischt werden.
  Weitere Informationen über Deich- und Seenverband
  Niebüll e.V.
Angeltipp:
  Guter Bestand von Karpfen, die hier erfolgreich mit
  Boillies beangelt werden.

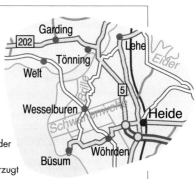

Lecker Au

Fischvorkommen:
  Aal, Hecht, Zander, Karpfen, Schleien, Barsch,
  Weißfische, Meerforellen.
Fangbestimmungen:
  Keine, es darf mit 4 Ruten gefischt werden.
  Weitere Informationen über Deich- und Seenverband Niebüll
  e.V.
Angeltipp:
  Hier in der Lecker Au können auch die Fliegenfischer ihrem Hobby
  nachkommen und den Forellen nachstellen. Aber auch alle Weißfischarten
  zeigen sich den angebotenen Naturködern nicht abgeneigt.

Sielzüge in der Nordermarsch

Fischvorkommen:
  Aal, Hecht, Zander, Karpfen, Schleien, Barsch, Forellen, Meerforellen,
  Weißfische.
Fangbestimmungen:
  1 Stunde vor Sonnenaufgang bis 1Stunde nach Sonnenuntergang. Weitere
  Informationen über ASV Sportfischervereinigung Wesselburen e.V.
Angeltipp:
  In diesem großen Gebiet dominieren die Sielzüge mit wunderschönen
  Angelplätzen, wo hauptsächlich Aale, Hechte und Karpfen gefangen werden. In der
  Brille fängt man mit kleinen Mistwürmern „goldene Schleien", und in der
  Schwanenwehe kommt der Zanderangler auf seine Kosten. Der Stachelritter bevorzugt
  hier kleine Aalstücke als Köder.

Weitere Top-Angelreviere:
  Untere Eider: von der Eiderbrücke bis zum Eidersperrwerk. Fischvorkommen: Aal, Meerforelle, Plattfisch.
  Gieselaukanal: zwischen Eider und Nord-Ostsee-Kanal. Fischvorkommen: Aal, Hecht, Zander, Weißfisch.
  Treene: ein 80 km langes Flüsschen, entspringt in der Nähe von Flensburg und ist bekannt durch seinen guten
  Salmonidenbestand. Fischvorkommen: Meer-, Bach-, Regenbogenforelle, Äsche, Aal, Hecht, Karpfen.
  Nord-Ostsee-Kanal: Angelerlaubnis auf Anfrage. In den Schleusenanlagen ist Angeln verboten.
  Fischvorkommen: Aal, Hecht, Zander, Karpfen, Schleie, Barsch, Meerforelle, Weißfisch.
Geheimtipp für Gäste
  Angeln am Meer: An der Nordsee, kann man in allen Orten entweder von der Küste (Brandungsfischen), von Molen
  und Hafenanlagen oder mit einfachen Booten in Ufernähe (dabei Strömungs-, Wind- und Wetterverhältnisse genau
  beachten), auf Aal, Plattfisch, Kabeljau/Dorsch, Hornhecht, Makrele und Meerforelle angeln. Jahresfischereischein
  erforderlich.

Touristische Informationen

Abendstimmung in Husum

Husum

Zur Stadt

Im Zentrum von Nordfriesland liegt die historische Handels- und Hafenstadt Husum. Die Altstadt von Husum mit ihrem wunderschönen geschlossenem Bild liegt direkt am Hafen.

Der bekannteste Sohn der heutigen Kreisstadt ist der Dichter Theodor Storm (1817 – 1888), dessen Leben und Werk sich dem Besucher in der wohl bekanntesten Straße der Altstadt, der „Wasserreihe", im Theodor Storm Haus offenbart.

Im Frühjahr lohnt sich der Besuch im Schlosspark, wenn die Pracht von ungezählten Krokusblüten auch die Einheimischen verzaubert.

Info:

Tourist-Information
Historisches Rathaus
Großstr. 27
25813 Husum

Sehenswürdigkeiten in Husum

Die Marienkirche, das alte Rathaus, das Nissenhaus, in dem sich das Nordfriesische Heimatmuseum befindet, der Tine Brunnen auf dem Marktplatz, das Ostenfelder Bauernhaus mit Sammlungen zur bäuerlichen Wohnkultur des 17. und 18. Jahrhunderts, das Schifffahrtsmuseum mit seinen historischen Schiffsmodellen und das Schloss mit seinen berühmten Kaminen, die aus dem frühen 17. Jahrhundert stammen. Rund um den Hafen und dem Marktplatz findet der Besucher eine Fülle von Restaurants mit köstlichen Meeresspezialitäten.

Kutterregatta Büsum

Jährlich am 2. Augustwochenende beginnt die Kutterwettfahrt mit Urlaubern und Gästen. Am Hafen von Büsum hat sich dieser Regattatag um das „Blaue Band von Büsum" zu einem beliebten Volksfest entwickelt. Am Hafenbecken bauen Händler ihre bunten Stände, mit Fisch- und Trödelmarkt, auf. Wer mitfahren will, sollte sich rechtzeitig einen Platz sichern. Beginn der Regatta 13.00 Uhr, Kartenvorverkauf im Kurgast-Zentrum, Adresse: Kurverwaltung, 25761 Büsum.
Anfahrt: von Hamburg aus die A23 bis Heide-West, dann die B203 bis Büsum.

Museum Meldorf

Über die Geschichte Dithmarschens erfahren Sie in dem Landesmuseum Meldorf. Hier sehen Sie ein Ebbe-Flut-Modell, komplett eingerichtete Dithmarscher Bauernstuben und ständig wechselnde Sonderausstellungen. Öffnungszeiten: Di. bis Fr. 9.00 bis 16.00 Uhr, Wochenenden 11.00 bis 16.00 Uhr.
Anfahrt: von Brunsbüttel über die B5 und von Itzehoe über die B 431.

Friedrichstädter Festtage

Am letzten Juliwochenende wird im „Holländerstädtchen" Friedrichstadt an drei turbulenten Festtagen ein buntes Programm für Jung und Alt geboten. Schon am Freitagabend beginnt mit Konzerten das stimmungsvolle Fest. Ob Pop/Rock über Klassik bis Kirchenmusik, alles ist dabei. Am Samstag gibt es einen Kinderflohmarkt. Folklore, Shanties und auch Tanzmusik erfreuen die Gäste. Gegen 21.00 Uhr beginnt der romantische Lampionkorso durch die „Grachten" von Friedrichstadt.
Gute Angelmöglichkeiten bieten hier die Flüsse Eider und Treene.
Adresse: Tourist-Information, Am Markt 9, 25840 Friedrichstadt.
Anfahrt: A7 Hamburg-Flensburg bis Autobahnkreuz Rendsburg, weiter auf der A 210 bis Rendsburg. Ab Rendsburg die B202 Richtung Husum bis Friedrichstadt.

Sehenswertes in der Region:

In Westerland auf Sylt findet man ein ganz besonderes Freizeitbad: die „Sylter Welle". Sämtliche Becken sind mit gefiltertem Nordseewasser gefüllt.
Ein wahres Vogelparadies findet man vor Bredstedt: die „Hamburger Hallig". Die Salzwiesen sind Anlaufstation von Zugvögeln.
Auf Nordstrand befindet sich mit 3.350 ha das größte Naturschutzgebiet von Schleswig-Holstein.
Der Westküstenpark in Sankt Peter-Ording ist ein einmaliges Erlebnis und der einzige Haus- und Wildtierpark Deutschlands.
Im Bade- und Luftkurort Tönning findet der Besucher ein beheiztes Meerwasser-Freibad mit Sauna-Landschaft, die ganzjährig geöffnet ist.
Vor Tönning ist die herrliche Freizeitlandschaft, das „Katinger Watt", mit dem Aussichtsturm „Kiek Ut", und davor das technisch imposante Eidersperrwerk.
Im Freizeitpark „Land und Leute" in Wehren erlebt der Besucher viele Tiere aus der heimischen Region.

Ostsee-Schleswig

An der Ostseeküste von Flensburg bis Fehmarn

Tipp: Brandungsangeln auf Fehmarn.

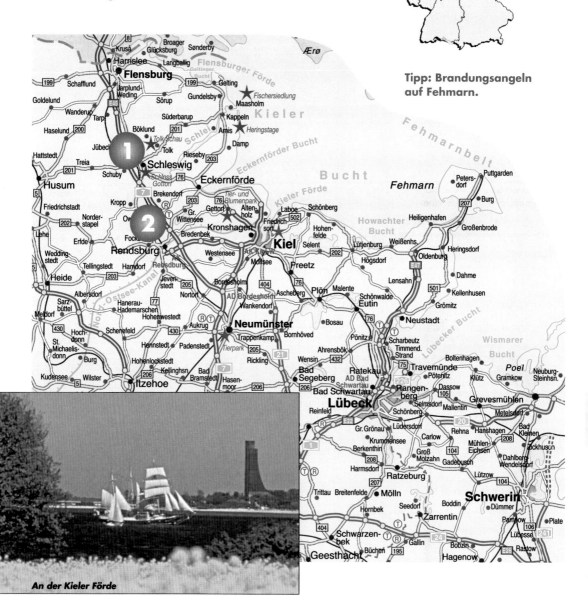

An der Kieler Förde

Millionen von Urlaubern zieht es Jahr für Jahr an die schleswig-holsteinische Ostseeküste. Auf einer Länge von rund 200 km brandet die Ostsee an die Küste Schleswig-Holsteins. Wie Perlen an einer Schnur sind die klassischen Seebäder und idyllischen Fischerorte aufgereiht.

Angefangen in der Flensburger Förde über die Geltinger Bucht nach Kappeln, wo die Schlei bei Maasholm in die Ostsee mündet, zur Eckernförder Bucht über die Kieler Bucht bis Fehmarn gibt es vielfältige Möglichkeiten, um Scholle, Aal, Meerforelle und vor allem Dorsch und Hering zu fangen. Organisierte Hochsee-Angelfahrten sind nahezu von überall möglich. Man kann in allen Orten entweder von der Küste (Brandungsfischen), von Molen und Hafenanlagen, sowie von einfachen Booten in Ufernähe (hierbei Strömungs-, Wind- und Wetterverhältnisse genau beachten) eine vielfältige und reizvolle Fischwaid erleben.

Mit der Vielzahl von Freizeitmöglichkeiten in dieser wunderschönen Region ist der Angelurlaub mit der Familie ein Erlebnis der besonderen Art.

Dorschfilet in Senfbuttersauce

Zubereitung:
Die Filets werden mit Zitronensaft beträufelt, gesalzen und müssen eine halbe Stunde im Kühlschrank ziehen.
Man erhitzt einen Liter Wasser mit einer kräftigen Prise Salz, dem Weißwein sowie zwei Esslöffel Butter und rührt alles zu einer leichten Sauce.
Die Dorschfilets werden nun für zehn Minuten auf kleiner Flamme in der Sauce gedünstet. Die Filets werden dann aus der Sauce herausgenommen und warm gestellt. Die Sauce passiert man durch ein Sieb, rührt die möglichst eiskalte restliche Butter, die Crème fraîche und den Senf hinein. Mit dem Schneebesen schlägt man alles noch einmal schön auf und schmeckt mit Salz je nach Bedarf ab.
Dazu werden Schmorgurken mit Zwiebeln und Dill sowie kleine in Butter geschwenkte Kartoffeln gereicht.

Zutaten:	
(für 4 Personen)	
4	Dorschfilet à 200 g
0,1 l	Weißwein trocken
100 g	Butter
50 ml	Sahne
1 El	Crème fraîche
1 El	Senf
1/2	Zitrone
	Salz

Empfehlung:
dazu ein trockener Silvaner
1998-er Ihringer

Gewässerinformationen

1

Schlei

Fischvorkommen:
Aal, Hecht, Zander, Karpfen, Schleien, Barsch,
Meerforellen, Heringe, Weißfische.

Fangbestimmungen:
Keine

Angeltipp:
Wenn die Heringe in der Zeit von Mitte
März bis Anfang Mai ziehen, werden am
Kappeler Hafen große Mengen Heringe auf
Heringssystem gefangen.

2

Wittensee

Fischvorkommen:
Aal, Hecht, Karpfen, Schleien, Barsch, Maränen, Weißfische.

Fangbestimmungen:
Keine – Das Angeln vom Boot aus ist erlaubt.

Angeltipp:
Im Wittensee werden große Barsche auf Spinner
vor den Schilfkanten gefangen. In den
Sommermonaten gute Aalfänge. Besonders im
Frühling sind als Aalköder kleine Maränenstücke
am 6-er Haken zu empfehlen.

Kappelner Heringszäune

Touristische Informationen

Hörn-Brücke in Kiel

Kiel

Zur Stadt

Die Landeshauptstadt an der 17 km langen Kieler Förde ist die bedeutendste Hafenstadt an der Deutschen Ostseeküste. Das Wahrzeichen Kiels ist das wieder aufgebaute Jugendstil-Rathaus (1907 - 1911) mit seinem 106 m hohen Turm, der über einen Fahrstuhl bequem zu erreichen ist und zu einem schönen Rundblick einlädt. Die Segelregatta der Kieler Woche und der Nobelpreisträger Max Planck, der bedeutendste Sohn der Stadt, machten den Namen Kiels weltbekannt.

Info:

Kieler-Woche-Büro
Postfach 1152
24099 Kiel

Sehenswürdigkeiten in Kiel

Dazu gehören die Nikolaikirche aus dem 13. Jahrhundert und der berühmte Windjammer Gorch Fock im Hafen. Zahlreiche Museen, der botanische Garten, sowie das Aquarium locken viele Besucher in die Stadt an der Förde. Die schönsten Kaufmannshäuser sind in der Holstenstraße und rund um den Alten Markt zu bewundern.

Tierpark Neumünster

Diese schöne Anlage bietet unter hohen Bäumen Erholung und Information über die europäische Tierwelt. Als Wappentier des Parks dient hier der ursprünglich wildlebende Elch. 750 Tiere von 175 Arten werden auf 24 Hektar Fläche den Besuchern in der abwechslungsreichen Anlage vorgestellt. Die Attraktionen sind die Seehundanlage mit Unterwasserbeobachtung, Fischotter- und Bibergruppe und, natürlich vor allem für Kinder, ein Streichelgehege.
Anfahrt: A7 Abfahrt Neumünster oder N.-Nord, dann der Beschilderung, dem Elch folgen.
Info: Tierpark Neumünster, Geerdtstr. 100, 24537 Neumünster.

Kappelner Heringstage

Eine lange Tradition hat der Heringsfang in Kappeln. Seit dem 15. Jahrhundert werden hier die Fische mit sogenannten Heringszäunen gefangen (siehe Foto linke Seite), wobei sie auf dem Weg zu ihren Laichgewässern durch reusenartige Flechtzäune in ein Fangnetz schwimmen. Diese Zäune sind auch eine historische Besonderheit, denn es sind die einzigen funktionstüchtigen Fangzäune Europas. Vier Tage lang, ab Himmelfahrt im Mai, dreht sich alles um die kleinen Fische. Auch wird Jahr für Jahr der Heringskönig gekührt. Rund um dieses Fest gibt es Heringsspezialitäten, Musikveranstaltungen, Fahrten mit der Museumseisenbahn, Spielmeile für Kinder, Heringswetten mit tollen Preisen und Schlauchbootrennen.
Anfahrt: A7 Richtung Flensburg bis Schleswig, dann die B 201 bis Kappeln.
Info: Stadt Kappeln, Postfach 1226, 24372 Kappeln.

Tolk Schau

Dieser 14 Hektar große Freizeitpark nördlich von Schleswig in einer traumhaften Naturlandschaft gelegen, lädt Jung und Alt zum Spielen und Vergnügen ein. Attraktionen: Super-Skooterbahn, Nautic-Jet, Märchenwald, Schausammlung der heimischen Tier- und Vogelwelt, Kanalfahrten durch die Zwergenwelt und vieles mehr.
Anfahrt: A7 Hamburg - Flensburg, Ausfahrt Schuby bei Schleswig, Richtung Kappeln.
Info: Tolk Schau Familien Freizeitpark, Finkmoor 1, 24894 Tolk bei Schleswig.

Sehenswertes in der Region:

Die alte Fischersiedlung Maasholm ist Ausgangspunkt für eine Führung (täglich) in das nahe gelegene Vogelschutzgebiet Jordsand.
Die höchste Windmühle (30 Meter) findet der Besucher in Kappeln an der romantischen Schlei. Die alten Gassen laden zum Bummeln ein. Sehenswert sind die Nikolaikirche und die funktionstüchtigen Heringszäune.
Zwischen Kiel und Eckernförde gelegen ist der Tier- und Blumenpark in Gettorf.
In Schleswig ist die größte Schlossanlage Schleswig-Holsteins zu bestaunen. Auf einer Insel liegt Schloss Gottorf, dort befindet sich auch das Landesmuseum.
Das Museum „Haithabu" in Schleswig ist nach einer alten Wikingersiedlung benannt. Dort findet der Besucher zahlreiche archäologische Funde aus der Alltagswelt der Wikinger.

Holsteinische Schweiz

Die großen Seen
im Norden Deutschlands

**Tipp: „Fünf-Seen-Fahrt"
der Weißen Flotte**

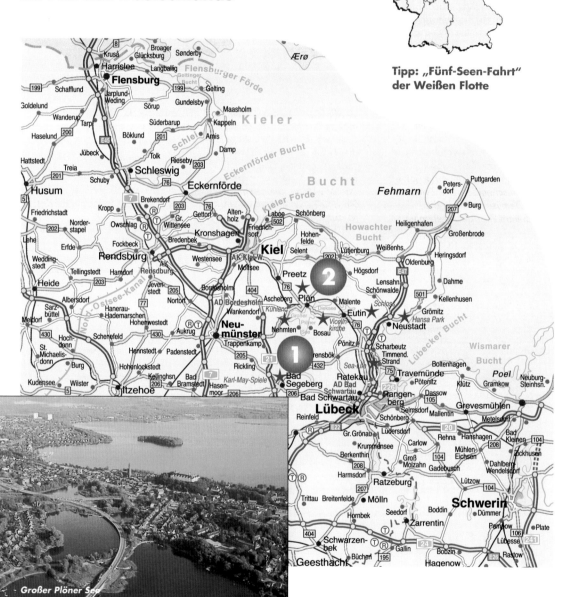

Großer Plöner See

Zwischen Kiel und Lübeck liegt diese hügelige Seenlandschaft. Ihren Namen hat sie von einem findigen Gastwirt, der seine Heimat 1867 erstmals Holsteinische Schweiz nannte. Die Geologen nennen es Moränenlandschaft, in der letzten Eiszeit von Gletschern und Wassern geformt.

Die zahlreichen Gewässer der Seenplatte bestimmen das Bild der Landschaft, fast mutet es wie im finnischen Seengebiet an. Der Fischreichtum dieser Seen lässt das Herz des Anglers höher schlagen. Der mit 30 Quadratkilometern größte dieser Seen und mit 60 Metern auch einer der tiefsten Norddeutschlands, ist der Großer Plöner See.

Ein touristisches Muss ist die „Fünf-Seen-Fahrt", die der Angler mit seiner Familie zum Erkunden nutzen sollte. Die Vielfalt der Freizeitaktivitäten rund um die Seen dieses wunderschönen Naturparks werden von den Anglern und deren Familien immer mehr geschätzt.

Hecht mit Wurzelgemüse

Zubereitung:

Den Weißwein und Essig im Wasser zum Kochen bringen, die Zwiebel mit dem Lorbeerblatt und den Gewürznelken spicken. Das Gemüse putzen und in feine Streifen schneiden. Die Zwiebel mit den Gemüsestreifen in die kochende Flüssigkeit geben und 10 Minuten mitkochen. Dann den Topf an den Herdrand ziehen und den Hecht hineingeben. Bei schwacher Hitze ca. 18 bis 20 Minuten garziehen lassen. Den Fisch zerlegen und auf den vorgewärmten Tellern anrichten. Die Gemüsestreifen mit einem Schaumlöffel herausnehmen, fein hacken und mit dem Fisch servieren. Den Fisch- und Wurzelsud durch ein Sieb passieren und eventuell mit Salz und ein paar Spritzern Worcestersauce abschmecken, die Sahne unterrühren. Als Beilage gibt es Pellkartoffeln.

Zutaten:
(für 4 Personen)

1	Hecht ca. 1500g
1/4 l	Wasser
1 l	Weißwein
1	Tasse Essig
1 El	Salz
1/4 l	Sahne
	Pfeffer aus der Mühle
1/2	Zitrone
1	Zwiebel
1	große Karotte
1	Lorbeerblatt
6	Gewürznelken
1	Stange Lauch
1/2	Sellerie
2	Petersilienwurzeln

Empfehlung:
dazu einen
Riesling trocken
aus Rheinhessen

Gewässerinformationen

Großer Plöner See

Fischvorkommen:
Aal, Hecht, Zander, Karpfen, Schleien, Barsch, Maränen, Forellen, Weißfische.
Fangbestimmungen:
2 Forellen pro Tag, Bootsangeln nur vom verankertem Boot aus.
Angeltipp:
Vor den Schilfkanten werden kapitale Hechte mit Wobbler (Rapala) gefangen. Es lohnt sich auch, dem Barsch nachzustellen, der hier in beachtlichen Größen (bis 4 Pfund) mit dem Spinner gelandet wird.

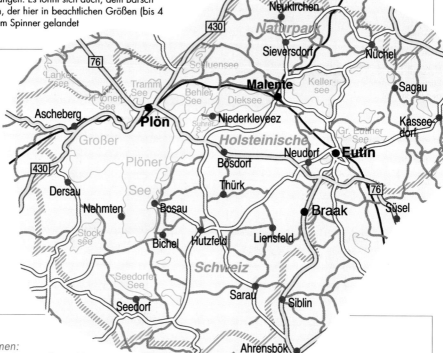

Dieksee

Fischvorkommen:
Aal, Hecht, Zander, Karpfen, Schleien, Barsch, Maränen, Aalquappen, Forellen, Weißfische.
Fangbestimmungen:
3 Raubfische pro Tag (Hecht und Zander), restliche Fischarten ohne Beschränkung, Bootsangeln erlaubt.
Angeltipp:
Der Dieksee ist vor allem für seinen guten Barschbestand (zwischen 300 bis 500 Gramm Durchschnittsgewicht) bekannt.

Weitere Top-Angelreviere:
Kleiner Plöner See, Fischvorkommen: Aal, Hecht, Zander, Karpfen, Barsch, Forellen, Maränen, Weißfische.
Lanker See, Fischvorkommen: Aal, Hecht, Zander, Karpfen, Schleien, Barsch, Weißfische.
Trammer See, Fischvorkommen: Aal, Hecht, Karpfen, Schleien, Barsch, Maränen, Weißfische.
Schluensee, Fischvorkommen: Aal, Hecht, Zander, Karpfen, Schleien, Barsch, Weißfische.
Stocksee, Fischvorkommen: Aal, Hecht, Zander, Karpfen, Schleien, Barsch, Weißfische.

Touristische Informationen

Schloss Plön

Plön

Zur Stadt

Vor den Toren Lübecks liegt das bekannte Heilbad Plön. Es bekam seinen Namen von der slawischen Inselfestung Plune. Nach ihrer Zerstörung (1139) wurde der Ort mit seiner Befestigung wieder aufgebaut und bekam 1236 seine Stadtrechte.

Info:

Kurverwaltung
Schwentinehaus
24306 Plön

Sehenswürdigkeiten in Plön

Die schönsten historischen Bauten sind die ehemalige Hofapotheke (17. u. 18. Jh.) mit ihrem Kreismuseum (montags geschlossen), am Markt das Postamt (Ende 18. Jh.) und das Prinzenhaus (1747 und 1896; Internat) im Schlosspark. Weithin bekannt ist Plön als Segler-Zentrum mit Schulen und einem großen Bootshafen.Im Juli findet ein großes Volksfest, das Bürgervogelschießen, statt. Aus Ostpreußen importierte Spezialitäten sind die Plöner-See-Maränen, die geräuchert oder frisch den Gästen munden.

Karl-May-Spiele

In Bad Segeberg begann man vor einer einzigartigen Naturkulisse 1952 mit den Winnetou-Aufführungen. Heute hat sich nach bescheidenen Anfängen ein bedeutendes Unternehmen entwickelt. Es gibt am Rand der Kalkbergbühne Geschäfte mit indianischem Kunsthandwerk und ein Indianerdorf mit Ausstellungsräumen. Gespielt wird immer mit prominenten Schauspielern von Mitte Juni bis Ende August, immer von Donnerstag bis Sonntag.
Anfahrt: von Hamburg aus über die B 432 und von Lübeck aus über die B 206
Info: Karl-May-Spiele, Karl-May-Platz, 23795 Bad Segeberg.

Tews-Kate

In Malente-Gremsmühlen wird in einer schornsteinlosen Räucherkate (Heimatmuseum) gezeigt, wie man früher die in Holstein beliebten Spezialitäten wie den Katenschinken und Katenrauchwurst konserviert hat. Die Tews-Kate stammt aus der Zeit des Dreißigjährigen Krieges. Wer nach dem Museums-Rundgang Appetit verspürt, kann in Malente-Gremsmühlen jederzeit in den dortigen Schinkenräuchereien diese Spezialität probieren.
Anfahrt: A1 Lübeck Richtung Oldenburg/Holstein bis zur Anschlussstelle Eutin, dort auf die B 76 nach Eutin, weiter nach Bösdorf zum Abzweig Malente.
Öffnungszeiten: Ostern bis Ende Oktober 10.00 - 12.00 Uhr, zusätzlich an Wochenenden 14.30 - 16.30 Uhr.

Hansa Park

Großer Freizeitpark an der Ostsee bei Neustadt. Das Freizeitpark-Angebot mit spektakulären Fahrattraktionen von der Achterbahn „Rasender Roland" und „Crazy Mine" bis zum Flugsimulator und erstklassiger Live-Shows, Varieté und Wasserzirkus.
Öffnungszeiten: täglich vom 4. April bis zum 25. Oktober
Anfahrt: A 1 von Lübeck Ausfahrt Eutin/Lübeck

Sea-Life

Im Timmendorfer Strand finden Sie ein Meerwasser-Aquarium der Superlative. Man bekommt einen Einblick in die Unterwasserwelt von Nord- und Ostsee. Die moderne Aquarium-Technologie ermöglicht dem Besucher, das Leben unterhalb der Meeresoberfläche zu bestaunen. Eine besondere Attaktion ist der 8 Meter lange und mit ca. 200 000 Liter Meerwasser gefüllte Tunnel, in dem verschiedene Hai- und Rochenarten vorbeischwimmen.
Öffnungszeiten: ganzjährig 10.00 - 18.00Uhr, Juni - August von 10.00 - 21.00 Uhr, letzter Einlass 1 Stunde vorher.
Anfahrt: Von Lübeck über die A 1, Abfahrt 18 Ratekau
Info: Sea-Life, Kurpromenade 5, 23669 Timmendorfer Strand.

Sehenswertes in der Region:

In Bosau am Plönner See ist die Vicelinkirche, die mit ihrem sehenswerten Schnitzportal aus dem 13. Jahrhundert die Besucher einlädt.
In Eutin erwartet den Besucher im Schloss ein lebendiger Eindruck vom einstigen Leben bei Hofe.
In Kühland bei Nehmten sind große und kleine Gäste herzlich willkommen.

Freie und Hansestadt Hamburg

Rund um die Elbmetropole

Hafengeburtstag:
Riesenparty im Hamburger Hafen

Tipp:
Von den Landungsbrücken
große Hafenrundfahrt

Die Weltstadt Hamburg hat der Elbe alles zu verdanken. Aus einer kleinen Siedlung an der Alster entwickelte sich die stolzeste Stadt der Hanse. Die Elbe ist Hamburgs Lebensader, das merkantile Herz, und man vergisst, dass Hamburg gar nicht am Meer liegt. Wenn das Wahrzeichen der Hansestadt, der „Michel", die Ozeanriesen begrüßt, ist man schon über 100 km von der Nordsee entfernt.

Was man in Hamburg am wenigsten erwartet, sind Angelplätze, wo man in Ruhe und Entspannung seinem Hobby frönen kann. Karpfen, Hecht, Zander, Aal und viele Weißfischarten kann man in den zahlreichen Gewässern der Elbstadt fangen. Ob an der Binnenalster, Außenalster, Alten Süderelbe, Dove-Elbe, Gose-Elbe oder der idyllischen Bille, überall können wir schöne und erholsame Angelstunden versprechen.

Natürlich hat die Küche der Hamburger viele Gemeinsamkeiten mit der ihrer schleswig-holsteinischen Nachbarn, und wie diese essen auch die Hamburger gerne Fisch. Am Besten fangfrisch direkt vom Fischmarkt oder in einem der zahlreichen Fischrestaurants an der Elbe und rund um den Hamburger Hafen.

Hamburger Aalsuppe mit Schwemmklößchen

Zubereitung:
Die Aalstücke nach dem Säubern in einem Sud aus Wasser, Essig, Kräutern, Gewürzen und Salz garziehen lassen. Aal und die Marinade später in die fertige Suppe geben. Schinkenknochen etwa 90 Minuten in gut 2 l Wasser kochen. Gemüse, Backpflaumen und Birnen dazu geben und garen.

Knochen herausnehmen und Fleisch ablösen, fein schneiden. Brühe mit heller Einbrenne binden. Schwemmklößchen in der Suppe garen, das feingeschnittene Fleisch und die Aalstücke kurz durchziehen lassen, süßsauer mit Salz, Zucker und etwas Weißwein abschmecken.

Schwemmklößchen:
Milch, Salz und Butter in einem Topf aufkochen, Mehl dazu geben und so lange rühren, bis sich ein glatter Kloß bildet. Nacheinander die Eier und den Muskat einrühren. Vom Kloß mit feuchtem Teelöffel Klößchen abstechen und in der Brühe garen.

Zutaten:
(für 4 Personen)

1 kg	Aalstücke, gehäutet
1	Schinkenknochen
250 g	Sellerie, Kohlrabi, Erbsen, Mohrrüben,
125 g	eingeweichte Backpflaumen
375 g	kleine Kochbirnen
40 g	Butter
40 g	Mehl
je 1 EL	Basilikum, Salbei, Estragon, Majoran, Thymian, Petersilie

Schwemmklößchen:

1/8 l	Milch
30 g	Butter
65 g	Mehl
2	Eier
	Salz / Muskat

Empfehlung:
dazu ein
Württemberger
Riesling
Kabinett

Gewässerinformationen

Elbe bei Blankenese

Fischvorkommen:
Jegliche Fischarten.
Gastkarten:
Die Elbe ist hier ein freies Gewässer, jedoch sollte der Angler seinen Jahresfischerschein mitführen.
Fangbestimmungen:
Keine, Nachtangeln ist erlaubt.
Angeltipp:
Links und rechts des Fähranlegers werden kapitale Aale gefangen.

Elbe-Hinterbrack bei Hahnöfersand

Fischvorkommen:
Jegliche Fischarten.
Gastkarten:
Die Elbe ist hier ein freies Gewässer, jedoch sollte der Angler seinen Jahresfischerschein mitführen.
Fangbestimmungen:
Keine, Nachtangeln ist erlaubt.
Angeltipp:
In der Hahnöfer-Nebenelbe werden im Bereich der Mündung der Elste gute Zander gelandet.

Außenalster

Fischvorkommen:
Jegliche Fischarten.
Gastkarten:
Die Außenalster ist hier ein freies Gewässer, jedoch sollte der Angler seinen Jahresfischerschein mitführen.
Fangbestimmungen:
Keine, Nachtangeln ist erlaubt.
Angeltipp:
Oberhalb des Bootsverleihs „Sechslingspforte" werden vor allem gute Hechte gefangen.

Binnenalster

Fischvorkommen:
Jegliche Fischarten.
Gastkarten:
Die Binnenalster ist hier ein freies Gewässer, jedoch sollte der Angler seinen Jahresfischerschein mitführen.
Fangbestimmungen:
Keine, Nachtangeln ist erlaubt.
Angeltipp:
In diesem Angelrevier kommen auch die Karpfenspezis auf ihre Kosten.

Alsterkanal

Fischvorkommen:
Jegliche Fischarten.
Gastkarten:
Der Alsterkanal ist hier ein freies Gewässer, jedoch sollte der Angler seinen Jahresfischerschein mitführen.
Fangbestimmungen:
Keine, Nachtangeln ist erlaubt.
Angeltipp:
Unter der Straßenbrücke in Eppendorf werden dicht am Ufer Hechte mit toten Köderfischen überlistet.

Gewässerinformationen

Süderelbe bei Moorburg

Fischvorkommen:
  Jegliche Fischarten.
Gastkarten:
  Die Elbe ist hier ein freies Gewässer, jedoch sollte der Angler seinen Jahresfischerschein mitführen.
Fangbestimmungen:
  Keine, Nachtangeln ist erlaubt.
Angeltipp:
  Mit gelben und roten Twistern werden hier gute Zander und Barsche gefangen.

Norderelbe bei Moorwerder

Fischvorkommen:
  Jegliche Fischarten.
Gastkarten:
  Die Elbe ist hier ein freies Gewässer, jedoch sollte der Angler seinen Jahresfischerschein mitführen.
Fangbestimmungen:
  Keine, Nachtangeln ist erlaubt.
Angeltipp:
  Guter Bestand von Aal bis Zander. Alles ist hier möglich.

Touristische Informationen

Hafenansicht

Hamburg
Zur Stadt

Die Freie und Hansestadt Hamburg ist eine der ältesten Stadtstaaten Deutschlands. Der Adel spielte nie eine besondere Rolle in der reichen Bürgerstadt an der Alster und der Elbe. Der Stolz der 1,7 Millionen Hanseaten auf ihre reiche Vergangenheit lebt deshalb fort in einer typisch zurückhaltenden und unaufdringlichen Lebensweise, dem „Understatement".

Die moderne Metropole mit den jahrhundertealten internationalen Handelsverbindungen hat wohl die beste Lebensqualität Deutschlands. Hamburgs Architektur ist geprägt von roten Backsteinfassaden, weißen Kaufmannsvillen und großen Bürgerhäusern des Jugendstils.

Am Jungfernstieg, Hamburgs mondäner Einkaufsstraße, beginnen die weißen Alsterdampfer ihre Törns über die Alster und in die Kanäle, die die grüne Stadt durchziehen. Das riesige Sport- und Freizeitgewässer inmitten der Millionenstadt ist einer der vielen Vorzüge, die Hamburg gegenüber anderen europäischen Metropolen hat.

Die Hansestadt besteht fast zur Hälfte aus Parks, Grünflächen und Naturschutzgebieten, aus Flüssen, Kanälen und Seen. Mit rund 2400 Brücken hat die Stadt mehr als Venedig, Amsterdam und London zusammen. Der bereits im 13. Jahrhundert aufgestaute Alstersee ist so groß wie das ganze Fürstentum Monaco. Er teilt sich in Binnen- und Außenalster, und zu Füßen des Rathauses liegt still die „Kleine Alster".

Überall gibt es Boote zu leihen: Mit Segelbooten kreuzt man auf der Außenalster, mit Kanus erkundet man Fleete und Kanäle, mit Ruder- und Tretbooten läßt man sich von einem Alstercafe zum anderen treiben. Mit der weißen Alsterdampferflotte geht die Reise nach Uhlenhorst, Harvestehude oder Eppendorf. Vorbei an klassizistischer Villenpracht und grün zugewachsenen Kanälen, ist der Dämmertörn ein Muss für jeden Hamburg-Besucher.

Der wohl schönste Wanderweg Europas führt am Elbstrom von den Deichtorhallen, entlang der Speicherstadt, zu den St. Pauli-Landungsbrücken und zum ehemaligen Fischerdorf Blankenese. Vorbei am Altonaer Fischmarkt und der idyllischen Elblotsensiedlung Oevelgönne geht der Weg zu Füßen der mondänen Elbchaussee zum südländisch anmutenden Treppenviertel am Blankeneser Süllberg. Allein der Abstieg zwischen den pittoresken Reetdachhäuschen ehemaliger Kapitäne zum Elbstrand hinunter lohnt einen Ausflug.

Die kleinen, flinken HADAG-Ausflugsdampfer legen entlang der ganzen Strecke an und bringen den Wanderer zurück in den Hafen. Sie fahren aber auch ans andere Elbufer, nach Finkenwerder und in Hamburgs Blumen- und Obstgarten, das Alte Land.

Tierpark Hagenbeck

Der große Hamburger Zoo ist nach wie vor ein privates Familienunternehmen und beherbergt heute 360 Arten mit etwa 2600 Tieren, die in einem 25 Hektar großen Parkgelände leben.

Die Attraktionen sind Delfinarium, Troparium, Elefantendressur, Elefanten- und Dromedarreiten, Japanische Insel, Eismeer-Panorama, Dinosaurier-Rekonstruktionen, Panorama-Aquarium, Tiger-Freigehege, Löwenschlucht, Dschungelnächte, großer Spielplatz und Märchenbahn.

Anfahrt Auto: A7, Ausfahrt Stellingen (Nr. 28)
Anfahrt Bahn: ab HH-Hauptbahnhof U2
oder S3 bis Stellingen
Info: Carl Hagenbeck, Hagenbeckallee 31,
22527 Hamburg-Stellingen.

Eingang Tierpark Hagenbeck

Wildpark Schwarze Berge

Er gehört zu den schönsten deutschen Wildparks und ist ein beliebtes, ganzjährig geöffnetes Ausflugsziel für Jung und Alt.

1969 wurde vor den Toren der Hansestadt der Hochwild-Schutzpark mit seinem herrlichen Landschaftspark eröffnet. Großzügige Gehege und artgerechte Haltung gefährdeter heimischer Tierarten zeichnen diesen Tierpark aus.

Attraktionen: Elbblickturm (30 Meter) mit tollem Panoramablick über Hamburg und die Elbniederung, Streichelgehege, Kinderspielplatz, Kunsthandwerkhalle.

Anfahrt Auto: Von Hamburg die A 7 bis HH-Marmstort (Nummer 34), über Vahrendorf Richtung Ehestorf der Beschilderung folgen.

Anfahrt Bahn: S3 bis Neugraben, dann mit dem Bus 340 direkt zum Wildpark.

Info: Wildpark Schwarze Berge, 21224 Rosengarten-Vahrendorf.

Hafengeburtstag

Jährlich Anfang Mai gibt es im Hamburger Hafen eine Riesenparty. Zu Wasser, zu Lande und in der Luft ist mit 150 Programmpunkten für jeden Geschmack etwas dabei.

Ob Live-Action beim Schmugglerkrimi, Schlepperballett, Wasserskishow, Fallschirmspringer-Zielspringen, prächtige historische Segelschiffe, ein breites Musikprogramm, Kinderfeste, Hausbootparty oder ein großes Feuerwerk.

Anfahrt öffentliche Verkehrsmittel: In den Tourist-Informationen gibt es die Hamburg-Card, mit der man gratis die HVV-Verkehrsmittel nutzen kann.

U-Bahnhaltestelle Meßberg, Baumwall
S-Bahnhof Landungsbrücken.

Info: Tourismus-Zentrale-Hamburg, Burchardstraße 14, 20015 Hamburg.

Fischmarkt

Jeden Sonntag von 6.00 bis 10.00 Uhr morgens geht es auf dem Fischmarkt rund. Auf Hamburgs traditionsreichstem Markt wird nicht nur mit Fisch gehandelt, sondern auch mit Blumen, Obst und Andenken. In unmittelbarer Nachbarschaft befinden sich zahlreiche Gaststätten und der Anleger der England-Fähre.

Attraktion sind auch die manchmal fast „unverschämten" Schnacks der Marktschreier.

Anfahrt: U- und S-Bahn Haltestelle St.-Pauli-Landungsbrücken.

Info: Tourismus-Zentrale-Hamburg, Burchardstraße 14, 20015 Hamburg.

Willkommhöft

Die Schiffbegrüßungsanlage im Ausflugslokal „Schulauer Fährhaus" liegt an der Unterelbe im holsteinischen Wedel. Seit 1952 wird hier jedes Schiff begrüßt und verabschiedet (Schiffe mit mehr als 500 BRT).
Es wird die Flagge des Landes gehisst und die Nationalhymne gespielt. Hier kann man auch ein Buddelschiff- und Muschelmuseum besichtigen.
Öffnungszeiten: 9.00 bis 18.00 Uhr, November bis Februar und montags geschlossen
Anfahrt: von Hamburg über die B 431 nach Wedel.

Planten un Blomen

Eine weitläufige und interessante Parklandschaft inmitten von Hamburg. Ein buntes Veranstaltungsprogramm erwartet jährlich den Besucher mit Theateraufführungen, Musik, Clowns, Zauberern, und man findet für die Kinder einen großen Spielplatz mit den „Buller-Bergen" (Kletterspielplatz) und eine große Rollschuhbahn (im Winter Kunsteisbahn).
Zu den größten Attraktionen gehören in dem ehemaligen Gartenschaugelände der japanische Landschaftsgarten und der Rosengarten.

Sehenswertes in der Region:

Im Norden der Hansestadt liegt das Erlebnisbad Arriba, das mit Sonnenenergie die nötige Wärme für das Wasser und die wohlige Raumtemperatur erzeugt.
Am Glockengießerwall befindet sich die Kunsthalle Hamburg. Sie gehört zu den renommiertesten Museen in Deutschland.
Im Holstenwall 24 findet der Besucher in dem mächtigen Backsteingebäude etwas Besonderes: die Abteilung für Hafen und Schifffahrt. Verschiedene Modelle zeigen die Geschichte der Seefahrt. Besondere Attraktionen sind die Spielzeugsammlung und die Modellbahnanlage.
Die einzige aus dem Mittelalter erhaltene Burg im Stadtstaat Hamburg kann der Besucher in Bergedorf besichtigen. Heute dient sie als Museum für Bergedorf und Vierlande.

Segeln auf der Alster

Ostfriesische Inseln

Das Land zwischen Ems und Weser

Tipp: Hochseefahrten von Neuharlingersiel.

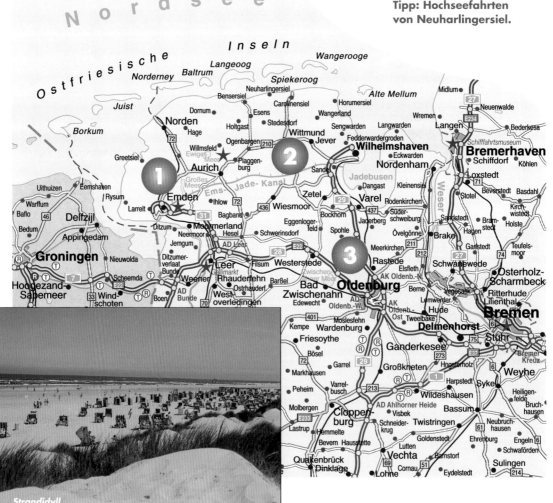

Strandidyll

Die Küstenlandschaft im nördlichen Niedersachsen, zwischen Ems und Wesermündung, mit den traumhaft schönen Ostfriesischen Inseln Borkum, Juist, Norderney, Baltrum, Langeoog, Spiekeroog und Wangerooge ist die Ecke Deutschlands, wo oft Stürme das Meer aufwühlen, wo aber auch stiller Friede herrschen kann und die Sonne die Dünen durchwärmt.

Ob in stillen Kanälen oder mit einem der vielen Hochseekutter, die von der Küste aus weit draußen den Makrelenschwärmen folgen, Angeln ist hier ein reines Vergnügen. Ein besonderer anglerischer Leckerbissen ist eine Angelfahrt zu den Gewässern vor Helgoland. Dafür sollte man möglichst 2 Tage einplanen.

Ob kurze Naherholung oder geruhsame Ferien: In Ostfriesland findet man weit mehr als nur saubere Luft. Für Radsportler ist Ostfriesland natürlich ein Paradies, und wer gerne Tee trinkt, der findet in den gemütlichen Teestuben bestimmt seinen Lieblingstee mit Kluntjes. Die bedeutendsten Sehenswürdigkeiten Ostfrieslands liegen entlang der Störtebeckerstraße.

Heringssalat

Zubereitung:

Die küchenfertigen und gewässerten Heringsfilets werden in Streifen oder Würfel geschnitten. Die Kartoffeln und die Rote Beete werden in wenig Wasser weich gedämpft, geschält und klein geschnitten. Die Salzgurken, Äpfel und Zwiebeln in kleine Würfel schneiden und mit den Kapern

zusammen in einer Schüssel vermischen. In einer anderen Schüssel verrührt man das Öl mit Salz, einer Prise Zucker sowie dem Essig zu einer Marinade und gießt diese über den Salat. Nun den Saft der Roten Beete , Crème fraîche, Mayonnaise und den Senf dazugeben und vermischen.
Zum Schluss die Heringsstücke

vorsichtig unterheben.
Vor dem Servieren den Salat unbedingt in den Kühlschrank stellen und ab und zu wenden, damit er gut durchzieht.
Als Beilage sollten Bratkartoffeln oder knuspriges Landbrot gereicht werden.

Zutaten:

(für 4 Personen)

8	**Heringsfilets**
4	**große Kartoffeln**
400 g	**Rote Bete**
200 g	**Zwiebeln**
4	**Äpfel (süß/sauer)**
4	**Salzgurken**
100 g	**Kapern**
4 El	**Öl (neutrales)**
	Salz
	Zucker
2 El	**Weinessig**
200 g	**Crème fraîche**
100 g	**leichte Mayonnaise**

Empfehlung:
dazu ein frisches Pilsner

Gewässerinformationen

1 ## Großes Meer

Fischvorkommen:
Aal, Hecht, Zander, Karpfen, Schleien, Barsch, Weißfische.

Fangbestimmungen:
2 Ruten, davon 1 Fried- und 1 Raubfisch,
oder 1 Wurf- bzw. Fliegenrute.

Angeltipp:
Im Großen Meer sind gute Raubfischbestände.
Zander und Hecht werden am häufigsten
gefangen.

2 ## Ems-Jade-Kanal

Fischvorkommen:
Aal, Hecht, Zander, Karpfen,
Schleien, Barsch, Weißfische.

Fangbestimmungen:
2 Ruten, davon 1 Fried- und 1 Raubfisch, oder 1 Wurf- bzw. Fliegenrute.

Angeltipp:
Gute Zanderfänge bei Marcardsmoor und Brücke Mittelhaus.

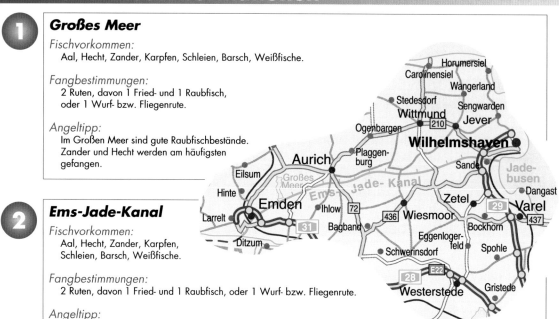

3 ## Zwischenahner Meer

Fischvorkommen:
Aal, Hecht, Zander, Karpfen, Schleien,
Barsch, Weißfische.

Fangbestimmungen:
Keine, Bootsangeln erlaubt, es darf mit 4 Ruten
gefischt werden.

Angeltipp:
Ideales Karpfengewässer, aber auch gute
Barschfänge sind hier möglich.

Hafen auf Norderney

Touristische Informationen

Rathaus Leer

Leer   Zur Stadt

Die alte Hafen- und Hansestadt Leer liegt an der Leda, unweit von deren Mündung in die Ems. Die Geschichte der Stadt, man nennt sie auch „Das Tor Ostfrieslands", wurde durch ihre geographische Lage und die Nähe der Nordsee geprägt. Das Ortsbild wird durch die roten aus Backstein gebauten Bürgerhäuser und Kirchen bestimmt. Erbaut wurden die meisten Handelshäuser von niederländischen Handwerkern, und noch heute ist dieser Einfluss sichtbar.

Sehenswürdigkeiten in Leer

Alte Waage in der Neue Straße 1. Dieses Gebäude wurde 1794 im deutsch-niederländischen Renaissancestil erbaut.
Das Rathaus der Stadt wurde im gleichen Baustil 1894 erbaut und ist das bekannteste Bauwerk der Stadt.
Das Heimatmuseum stammt aus dem Jahre 1791 und zeigt als Schwerpunkt „Ostfriesische Wohnkultur", die Schifffahrtabteilung sowie eine naturkundliche Sammlung.
Gallimarkt Leer/Ostfriesland
Fünf Tage, immer beginnend am 2. Mittwoch im Oktober, startet das „Oktoberfest Ostfrieslands" in historischer Kulisse mit großem Rummel, Krammarkt, zahllosen Schaubuden und Ständen an denen sich um das leibliche Wohl der Gäste gekümmert wird.
Eine besondere Attraktion ist hier nach alter Tradition der Galli-Viehmarkt (Kaufverhandlungen werden mit Handschlag besiegelt).
Anfahrt: A31 bis Abfahrt Leer-Nord
Info: Reise- und Verkehrsbüro Leer, Rathausstr. 1, 26789 Leer.

Deutsches Schifffahrtsmuseum, Bremerhaven

Eine interessante Dokumentation der Deutschen Schifffahrtsgeschichte mit Koggen, Großseglern, Dampfschiffen und U-Booten kann der Besucher hier bestaunen. Besondere Attraktion ist die Bark „Seute Deern". Sie war der letzte hölzerne Großsegler, der unter deutscher Flagge fuhr. Heute ist sie ein schwimmendes Restaurant.
Im Inneren des Museums ist ein einmaliger Fund aus dem Jahre 1380 zu bestaunen. Eine Hansekogge, die 1962 in Bremen gefunden wurde und aus mehr als 2000 Einzelteilen wieder zusammengesetzt wurde. Ein weiteres Highlight ist der Miniport. Hier kann jeder mit fern gesteuerten Schiffen Kapitän spielen und sogar ein Steuermannspatent erwerben.
Anfahrt: A27 Abfahrt Bremerhaven-Mitte über die B212 Richtung Alter Hafen.
Info: Deutsches Schifffahrtsmuseum, Van-Ronzelen-Str./Hans-Scharoun-Platz 1, 27568 Bremerhaven.

Freizeitzentrum Schloss Dankern

Das Freizeitpark-Angebot umfasst einen, einmalig in Deutschland, mit 5000 m² überdachten Spielplatz. Wasserski-Seilbahn, Spaßbad „Topas" in einer 3000 m² großen Halle mit 220 Meter Rutschbahnen, einer Wasserbobbahn, Kartbahn mit 600 Meter Rundkurs, den 35 ha großen Dankernsee mit 3000 Meter Sandstrand, Windsurfen, Ponyreiten und vielem mehr.
Besonderheit: 665 Ferienhäuser stehen den Familien zur Verfügung
Öffnungszeiten: von Mitte März bis 1. November 10.00 bis 18.00 Uhr
Anfahrt: A31, Ausfahrt Haren (Nr. 20),
A1 bis Ausfahrt Greven (Nr. 78) über die B70 und 10 km vor Meppen auf die B408 in Richtung Haren
Info: Freizeitzentrum Schloss Dankern, 49733 Haren/Ems.

Sehenswertes in der Region:

Ewiges Meer
An der Straße von Aurich nach Westerholt liegt Deutschlands größter Hochmoorsee. Ein Bohlenweg führt in diese einmalige Moorflora am Ufer des 3 Meter tiefen Sees.
Der Wellenpark
in Norden, Ortsteil Norddeich, bietet der ganzen Familie einen Riesenspaß, und das nicht nur im Sommer im Strandbad. Bei den Kids ist die Seehundaufzuchtstation, in der man von Juni bis Oktober junge Seehunde erleben kann, besonders beliebt.
In Greetsiel
sieht man schon von weitem das Wahrzeichen der Stadt: die zwei Windmühlen.
Der autofreie Stadtkern dieser malerischen Fischerstadt ist mit seinem farbenfrohen Hafen ein Hauptanziehungspunkt in Ostfriesland.

Lüneburger Heide
Steinhuder Meer

An Aller und Leine

Tipp: Ein Ausflug zum Steinhuder Meer.

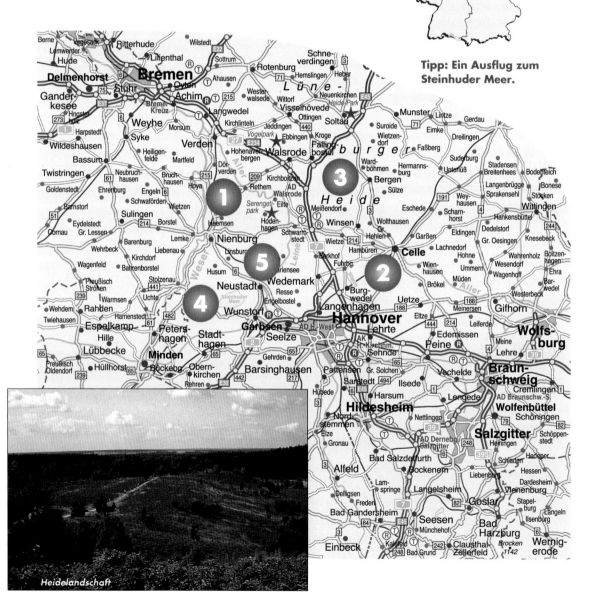

Heidelandschaft

Das Land zwischen Aller und Elbe erfreut Leib und Seele mit guter Luft, weiten Kiefernwäldern, zahlreichen Windmühlen an den Flüsschen, romantische alte Städtchen voller Sehenswürdigkeiten und gastfreundlichen Menschen. Zu den Spezialitäten dieser Region gehören der Heidschnuckenbraten, Buchweizenpfannkuchen, wohlschmeckende Forellen aus den klaren Bächen, Karpfen aus den Moorteichen und natürlich der lecker geräucherte Aal aus dem Steinhuder Meer.

Die Aller und die Leine sind die Hauptflüsse in diesem Gebiet und für den Angler auch der Magnet in der Heidelandschaft.

Auf Schritt und Tritt begegnet man den Erinnerungen von Hermann Löns, dem „Dichter der Lüneburger Heide". Rund 7350 km^2 umfasst der Naturpark Lüneburger Heide, der mit seiner höchsten Erhebung, dem Wilseder Berg (169 Meter), das größte deutsche Strauchheidegebiet darstellt. Besonders zwischen Ende August bis Ende September ist die „Violette Heide" sehenswert. Zwischen gelb blühenden Rapsfeldern, dunklen Kiefernwäldern, Wiesen und Weiden schlängeln sich Flüsse und Bäche voller verschiedenster Fischarten.

Forelle nach Art der Müllerin

Zubereitung:
Die frischen Forellen werden ausgenommen und gewaschen, anschließend gut trockengetupft. Innen mit Zitronensaft beträufeln und mit Salz und schwarzem Pfeffer reichlich würzen. In Ei und Semmelbrösel wenden und dann in der gut vorgeheizten Pfanne auf beiden Seiten je 5 Minuten goldbraun braten.
Mit Petersilie oder Kresse und dünnen Zitronenscheiben auf einer vorgewärmten Platte schön appetitlich anrichten.
Mit brauner Butter überzogene Salzkartoffeln und einem gemischten Salat wird alles serviert.

Zutaten:	
(für 4 Personen)	
4	Forellen à 300 g
	Semmelbrösel
60 g	Butter
3 El	Zitronensaft
3 El	Olivenöl
1	Ei
1	Zitrone
	Petersilie
	Salz

Empfehlung:
dazu ein trockener Riesling
Hochheimer Stielweg

Gewässerinformationen

1

Aller (SAV Walsrode von 1922 e.V.)

Fischvorkommen:
Aal, Hecht, Zander, Karpfen, Weißfische.
Fangbestimmungen:
Keine, Nachtangeln erlaubt.
Angeltipp:
Die Aller ist hier ein sehr gutes Aalgewässer.

2

Aller (Fischerverein Hannover e.V.)

Fischvorkommen:
Aal, Hecht, Zander, Karpfen, Barsch, Schleien, Forellen,
Aalquappen, Weißfische.
Fangbestimmungen:
3 Ruten, pro Angeltag 2 Hechte oder 2 Zander, 2 Karpfen,
3 Salmoniden, restliche Fischarten ohne Beschränkung.
Angeltipp:
An der Mündung der Wietze in die Aller starkes
Hechtvorkommen. Die Hechte werden mit toten Gründlingen
gefangen.

3

Meißendorfer Teiche

Fischvorkommen:
Aal, Hecht, Karpfen Schleien, Karauschen, Graskarpfen, Weißfische.
Fangbestimmungen:
1 Stunde vor Sonnenaufgang bis 1 Stunde nach Sonnenuntergang, 3 Edelfische
pro Tag.
Angeltipp:
In diesem ruhigen Ferienpark (große Ferienhaussiedlung im Wald gelegen) angelt man in einer der größten künstlich
angelegten Seenplatten Deutschlands. Besonders interessant ist hier der Karpfen, der kapitale Größen erreicht.

4

Steinhuder Meer

Fischvorkommen:
Aal, Zander, Hecht, Barsch, Schleien, Weißfische.
Angeltipp:
Ca. 400 Meter westlich von der Badeinsel entfernt ist der Untergrund steinig, dort stehen gute Zander, die mit
Meppsspinnern oder Doppelschwanztwistern gefangen werden.

5

Leine

Fischvorkommen:
Aal, Zander, Hecht, Barsch, Karpfen, Wels / Waller, Forellen, Weißfische
Fangbestimmungen:
2 Karpfen, 1 Hecht, 1 Zander, 1 Forelle und 5 kg andere Fischarten pro Tag. Nachtangeln auf Anfrage !
Angeltipp:
Gute Aalfänge mit der Wurmrute am Grund.

Touristische Informationen

Heide bei Lüneburg

Lüneburg

Zur Stadt

Die Region erhielt ihren Namen von der tausendjährigen Salz- und Hansestadt Lüneburg. Die Stadt kam im Mittelalter durch Salz zum Wohlstand.

Sehenswürdigkeiten

Sehenswert sind alle drei mittelalterlichen Kirchen, die mit ihren Türmen die Stadt überragen. Das Rathaus ist das größte mittelalterliche Rathaus Deutschlands. Eines der Wahrzeichen der Stadt ist der alte Kran am Ilmenau-Hafen.

Info:

Fremdenverkehrsamt Lüneburg,
21315 Lüneburg

Heide-Park-Soltau

Norddeutschlands größter Freizeit- und Familien-Park. Den Besucher erwarten ein vielfältiges Showangebot, eine wunderschöne Parkanlage mit der natürlichen Pflanzenwelt der Heide und 40 Fahrattraktionen. Hier nur einige Highlights: Das Mountain-Rafting führt durch eine Felsenlandschaft mit Wasserfällen auf einem 600 Meter langen Wildwasserkanal mit 35 Rundbooten. Die Schweizer Bobbahn läßt auf einer 900 Meter langen Strecke die Bobs atemberaubend durch Karussells und Labyrinthe schießen. Bei einer Grachtenfahrt präsentiert sich das neue Holländische Dorf.
Top ist auch die beliebte Looping-Bahn „Big Loop". An die große weite Welt erinnern die Freiheitsstatue und Mississippi-Dampfer. Delfin-, Seelöwen, Alligatoren- und Papageien-Darbietungen machen den Besuch zum Erlebnis.
Wenn Sie den Park von oben betrachten wollen: Es gibt zwei Aussichtstürme - sie sind bis 100 Meter hoch - und zwei Einschienen-Hochbahnen.
Öffnungszeiten: vom 28. März bis 1. November 9.00 bis 18.00 Uhr (Einlass bis 16.00 Uhr)
Anfahrt: A7 Ausfahrt Soltau Ost (Nr. 47) Richtung Soltau, in Harber abbiegen.
Info: Heide Park Soltau, Heidenhof, 29614 Soltau.

Vogelpark Walsrode

Der größte Vogelpark der Welt mit einer riesigen Gartenanlage ist Heimat von Fasanen, Kranichen, Pinguinen.
In der 3000 Quadratmeter großen und 12 Meter hohen Freiflughalle findet man tropische Vögel, ganz ohne trennende Gitter. Für die jüngsten Besucher gibt es einen Abenteuerspielplatz zum Austoben. Hundebesitzer können ihren Freund für die Zeit ihres Besuches im Vogelpark kostenlos in Einzelboxen unterbringen.
Öffnungszeiten: 1. März bis 1. November, 9.00 bis 19.00 Uhr
Anfahrt: A 27, Abfahrt Walsrode-Süd (Nr. 28)
　　　　　 A 7, Abfahrt Fallingbostel (Nr. 50)
Info: Vogelpark Walsrode, Am Rieselbach, 29664 Walsrode.

Serengetipark Hodenhagen

Im Serengetipark von Hodenhagen bestaunt man Tiere aus fünf Kontinenten fast wie in freier Wildbahn. In dem 165 Hektar großen Park sieht man Tiger und Löwen, Kamele und Bären, Zebras und Nashörner, Giraffen und Gazellen. Insgesamt 180 Arten mit 1000 Tieren. Im Affenland mit Freigehege ist immer etwas los, und im Wasserland erlebt man die Bewohner des feuchten Elementes. Für die Kleinen ist der Streichelzoo etwas Besonderes. Dem Serengetipark ist ein weiterer Freizeitpark angeschlossen.
Öffnungszeiten: März bis Oktober 10.00 bis 18.00 Uhr, in den Ferien und an Wochenenden von 9.30 bis 19.00.
Anfahrt: A 7 Abfahrt Westenholz, Richtung Hodenhagen
Info: Serengetipark Hodenhagen, 29690 Hodenhagen.

Sehenswertes in der Region:

Ein Wunder der Technik ist das Schiffshebewerk Scharnebeck (bei Lüneburg).
Das Freizeitbad Salztherme Lüneburg („SALÜ") und ein Besuch im Center Parc Bispingen bieten zahreiche Sport- und Wellnessangebote, sowie herrliche Badelandschaften für Entspannung und Spaß.
Eine militärgeschichtliche Dokumentation findet man im Panzermuseum in Munster.
Das Deutsche Erdölmuseum bei Wietze bietet einen Einblick in die Geschichte sowie in die Technik der Ölförderung.
Im Museum Nienburg sehen Sie einen interessanten Kontrast von bäuerlichem und bürgerlichem Leben
im 18.und 19. Jahrhundert.

Rügen

Auf Deutschlands größter Insel

Tipp: Brandungsangeln bei Dranske auf Plattfisch.

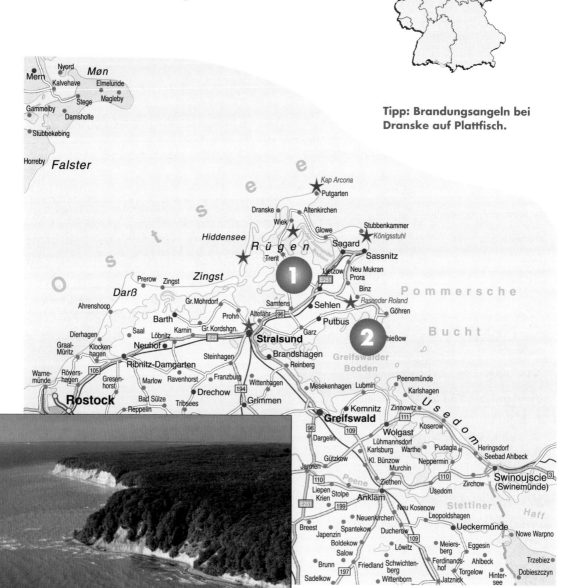

Stubbenkammer

Mit 926 km² ist Rügen die größte deutsche Insel, die aus mehreren Halbinseln besteht. Sie ist durch den 1936 fertig gestellten Rügendamm unmittelbar mit dem Festland verbunden. Kap Arkona, auf der Halbinsel Wittow gelegen, markiert den nördlichsten Punkt.
Vom Sassnitzer Hafen, unweit der Kreidefelsen von „Stubbenkammer", legen die meisten Kutter zum Hochseeangeln ab.

Für den Angler sind die Boddengewässer (Bodden ist niederdeutsch und bedeutet Bucht oder flacher Strandsee) von besonders großem Interesse. Im großen Jasmunder Bodden fängt man gleichermaßen Meeres- und Süßwasserfische.

Mit der einzigartigen landschaftlichen Schönheit und durch die sommerlichen Badefreuden ist der Inselurlaub für die ganze Familie etwas Besonderes. Die schönsten Sandstrände entlang der Küste findet man zwischen Binz und Thießow.

Rügener Aalsuppe

Zubereitung:
Man gibt in einen Liter leicht gesalzenes Wasser die Aalgräten und lässt diese 30 Minuten köcheln.
Darauf gibt man die Gewürze in die Brühe und lässt alles weitere 5 Minuten köcheln.
Der Speck wird in Würfel geschnitten, Zwiebeln und Gemüse schneidet man in feine Streifen.

In einem Topf lässt man nun die Speckwürfel in 80 g Butter langsam aus, gibt die Gemüsestreifen hinzu und schwitzt sie einige Minuten lang glasig an. Das Mehl wird darüber gestäubt und dann mit der durch ein Sieb gegossenen Grätenbrühe abgelöscht. Bei schwacher Hitze soll nun die Suppe eine Viertelstunde noch köcheln, bevor die klein geschnittenen

Aalstücke für 10 Minuten in der Suppe gar ziehen. Nun wird mit ein wenig Zitronensaft, Weißwein, weißem Pfeffer und einer Prise Salz abgeschmeckt.
Serviert wird die Suppe mit gerösteten Weißbrotwürfeln (Croûtons), einem Esslöffel (für jeden Teller) saure Sahne und mit den gemischten frischen Kräutern.

Zutaten: (für 4 Personen)	
400 g	Aal (filetiert)
60 g	mageren Speck
100 g	Zwiebeln
80 g	Mohrrüben
60 g	Sellerieknolle
60 g	Lauch
80 g	Butter
60 g	Mehl
4	Scheiben Weißbrot
4 El	saure Sahne
2 El	Kräuter (Dill, Petersilie, Kerbel, Sellerieblätter)
2	Gewürznelken
2	Lorbeerblätter
2	Pimentkörner
	Zitronensaft
	Weißwein
	Salz
	weißer Pfeffer

Empfehlung:
dazu ein frisches Bier

Gewässerinformationen

1 Großer Jasmunder Bodden

Fangbestimmungen:
Nachtangeln ist erlaubt.
Keine Fangbeschränkungen.

Angeltipp:
Der Große Jasmunder Bodden ist ein besonderes Gewässer. Im Frühjahr kann man den Hering und Hornhecht beangeln und in den Sommermonaten große Barsche und Aale, meist mit Wattwurm oder Tauwurmbündeln.
Ein guter Angelplatz ist die Lietzower Schleuse.
Boote kann man in Ralswiek oder am Campingplatz in Groß-Banselwitz mieten.

2 Greifswalder Bodden

Fangbestimmungen:
Nachtangeln ist erlaubt.
Keine Fangbeschränkungen.

Angeltipp:
Es werden überwiegend in Ufernähe große Barsche, Hechte und Zander gefangen.
Den Hornhecht fängt man am besten vom Boot mit Fischfetzen.
Boote kann man in Greifswald mieten.

Extratipp für Gäste:
Von Sassnitz auf der Insel Rügen, starten täglich Angelkutter in die Ostsee.

Touristische Informationen

Stadtansicht Stralsund

Stralsund

Zur Stadt

Die viertgrößte Stadt Mecklenburg-Vorpommerns ist das Tor zur Insel Rügen und über den Rügendamm mit der Insel verbunden. Die ehemalige Hansestadt blickt auf eine glanzvolle Vergangenheit zurück, die sich in ihrem herrlichen historischen Stadtbild widerspiegelt.

Die Altstadt wird von Teichen und Parks umschlossen. Man bezeichnet sie auch als „Venedig des Nordens".

Das Stadtbild wird durch sein berühmtes Rathaus, die mächtigen Backsteinkirchen und seine Klosteranlagen geprägt.

Sehenswürdigkeiten in Stralsund

Die Nikolaikirche und Jakobikirche sind Zeugen hochgotischer und spätgotischer Baukunst. Das Rathaus (Wahrzeichen der Stadt) mit seiner prächtigen Fassade zählt zu den schönsten Profanbauten norddeutscher Backsteingotik.

Sehenswert sind der Neue Markt mit der Marienkirche und der Hafen, von wo die Weiße Flotte zu den Inseln Hiddensee, Rügen und Umgebung fährt.

Tierpark Stralsund

Der nördlichste Tierpark Deutschlands zeigt die Vielfalt der alten Haustierrassen, heimische Wildtiere und Tierarten anderer Kontinente. Auf einer Fläche von 16 Hektar beherbergt der Tierpark 120 Arten mit ca. 1000 Tieren.

Öffnungszeiten: täglich von 9.00 Uhr bis zum Einbruch der Dämmerung.

Info: Tierpark Stralsund, Barther Str., 18437 Stralsund.

Meeresmuseum Stralsund

Das Deutsche Museum für Meereskunde und Fischerei im ehemaligen Katharinenkloster inmitten der Altstadt sucht Seinesgleichen. Ein riesiges Meerwasseraquarium, in dessen zahlreichen Becken nicht nur Haie schwimmen.

Öffnungszeiten:

November - April: Di. - So.: 10.00 - 17.00 Uhr

Mai - Oktober: täglich 10.00 - 17.00 Uhr

Info: Deutsches Museum für Meereskunde und Fischerei, Katharinenberg 14-20, 18439 Stralsund.

Rasender Roland

Die Fahrt mit dieser Schmalspurbahn (750 mm) ist ein besonderes Erlebnis. Von Lauterbach bis Göhren fährt der Dampfzug, gemütlich wie in alten Zeiten, über Deutschlands größte Insel.

Info: Rügensche Kleinbahn GmbH & Co., Binzer Str. 12, 18581 Putbus.

Sehenswertes in der Region:

Mit der Fähre von Wiek oder Schaprode erreicht man Vitte auf der an Naturwundern reichen Insel Hiddensee. Außer dem wunderschönen Sandstrand ist die Dünenheide mit ihren verstreuten Wachholdersträuchern und Birken besonders sehenswert.

Als echter Geheimtipp gilt an der Nordspitze Rügens am Kap Arkona der Rügenhof. Der Gutshof beherbergt den Töpferhof, eine Bernsteinschleiferei, die historische Druckerei von Rügen und eine sehenswerte Lederwerkstatt. Hier sind Sonderanfertigungen auf Wunsch möglich.

Zwischen dem Jasmunder Bodden und dem Tromper Wiek liegt die 8 km lange Nehrung Schaabe. Diese wunderbare Dünenlandschaft mit dem seicht abfallenden Sandstrand ist ideal für Erwachsene, um Ruhe zu finden, und für Kinder zum Buddeln.

In Binz findet man unter tropischen Pflanzen im IFA-Ferienpark den wahren Badespaß, selbst für die Kleinsten. Eine Wasserrutsche von über 40 Meter macht nicht nur den Kindern Freude.

Ein romantisches Erlebnis hat man besonders in den Abendstunden in der Rügen-Therme im Kurhotel Sassnitz. Bei indirekter Beleuchtung und Unterwasserscheinwerfern wird der Aufenthalt besonders stimmungsvoll. Zu empfehlen ist auch die Finnische Sauna.

Wer seinen Urlaub im Frühjahr oder Herbst auf der Insel Rügen bucht, sollte in jedem Fall die Kranich-Beobachtungsstation in Ummanz besuchen. Mehrere Tausend Kraniche machen alljährlich im März/April und im Oktober/November Rast in der Udarser Wiek.

Darß-Zingst Fischland

Nationalpark Vorpommersche Boddenlandschaft

Tipp:
Bootsvermietung in Barth.

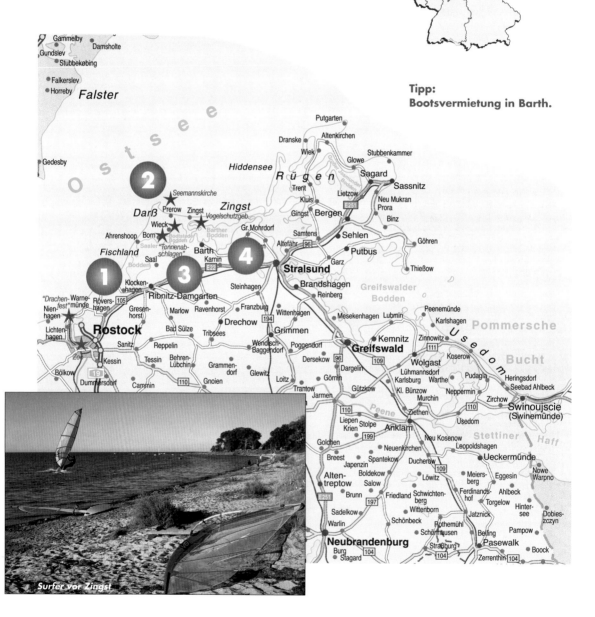

Surfer vor Zingst

Zwischen den traditionsreichen Hansestädten Rostock und Stralsund liegen die drei Halbinseln Fischland, Darß und Zingst. Man erreicht diese bezaubernde Küsten- und Boddenlandschaft mit seinen weißen Sandstränden über eine kleine Landstraße vom Ostseebad Ribnitz-Damgarten.

Geangelt wird hauptsächlich in den zwischen Festland und den Halbinseln gelegenen Boddengewässern. Ob im hartgrundigen, nur teilweise mit tiefen Abschnitten versehenen Saller Bodden, wo der Stachelritter (Zander) gefangen wird oder im Barther Bodden die Meeresforellen überlistet werden.Von der Seebrücke in Zingst angelt man auf Dorsch und Plattfisch, und im Frühjahr werden hier sogar Meerforellen gefangen.

Die Nordküste der Halbinsel Zingst - die erst 1872 durch eine große Sturmflut und der damit einher gehenden Sandanschwemmung entstand - ziert ein 10 Kilometer langer und 10 Meter breiter, nur allmählich ins Meer abfallender weißer, steinfreier Sandstrand. Hier können sich auch die Kleinsten ohne Gefahr austoben. Die Verbindung der drei Halbinseln ist an manchen Stellen nur 200 Meter breit und jede hat sich bis heute ihre Eigenart und Beschaulichkeit bewahrt.

Seefisch pikant

Zubereitung:

Eine feuerfeste Form mit Butter ausfetten, die Fischfilets mit Zitronensaft beträufeln und mit dem scharfen Senf einstreichen. Dann pfeffern,salzen und in die feuerfeste Form geben. Neben und zwischen die Filets die fein gehackten Zwiebeln verteilen und mit dem Sekt und Wermut angießen.

Tomaten enthäuten, entkernen und in feine Streifen schneiden, dann gleichmäßig auf dem Dorsch verteilen. Die Kräuter mit den Semmelbröseln vermischen und über die Tomaten streuen, ein paar Butterflocken zum Schluss auf die gefüllte Form setzen. Im Backofen bei ca. 220 Grad etwa 20 Minuten garen.

Die Sauce:

Die entstandene Flüssigkeit in einen Topf gießen und durch Köcheln reduzieren. Mit Sahne, Zitronensaft, Pfeffer und Salz verfeinern und noch mal aufkochen. Zum Schluss die eiskalte Butter einrühren und die Filets damit überziehen. Dazu gibt es Salzkartoffeln und Blattspinat.

Zutaten:
(für 4 Personen)

4	Dorschfilets
30 g	Butter
4	Tomaten
2	Zwiebeln
50 g	Semmelbrösel
2	Gläser trockener Sekt
1	Glas trockenen Wermut
1/2 Tl	Thymian
1/2 Tl	Estragon
1 Tl	Petersilie
1	Zitrone
2 El	scharfer Senf
	Pfeffer und Salz

Für die Sauce:

40 g	Butter
1/8 l	Sahne
	Saft einer halben Zitrone
	Salz
	Pfeffer

Getränkempfehlung:
dazu ein trockener Riesling

Gewässerinformationen

1 ## Saaler Bodden

Fangbestimmungen:
Keine, Nachtangeln ist erlaubt.
Angeltipp:
Der Saaler Bodden ist ein sehr gutes Revier der Zander, die hier mit hellen Twistern oder totem Köderfisch gefangen werden.

2 ## Prerower Strom

Fangbestimmungen:
Keine, Nachtangeln ist erlaubt.
Angeltipp:
Im Frühjahr Ende März bis April ziehen hier die Lachse bis in Ufernähe und werden teilweise mit Pilker gefangen. Im Prerower Strom werden kapitale Barsche mit Rotwurm oder kleinen Spinnern überlistet.

3 ## Koppelstrom und Bodtstedter Bodden

Fangbestimmungen:
Keine, Nachtangeln ist erlaubt.
Angeltipp:
In diesen Gewässern werden von September bis Anfang November kapitale Hechte mit der Schleppangel gefangen.

4 ## Barther Bodden

Fangbestimmungen:
Keine, Nachtangeln ist erlaubt.
Angeltipp:
Im Barther Bodden fängt man vom Boot aus gute Meerforellen.
Dorsche werden von der Seebrücke in Zingst gefangen.

Grabow (Boddengewässer)

Fangbestimmungen:
Keine, Nachtangeln ist erlaubt.
Angeltipp: Bei Einsetzen der Dämmerung werden mit der Schleppangel gute Meerforellen gefangen.
Achtung: In den Schilfgürteln ist Angeln nicht erlaubt.

Geheimtipp für Gäste:
Täglich Kutterfahrten von Rostock auf die Ostsee.
Angeln am Meer:
An der Ostsee, kann man in allen Orten entweder von der Küste (Brandungsfischen), von Landungsbrücken, oder mit einfachen Booten in Ufernähe (dabei Strömungs-, Wind- und Wetterverhältnisse genau beachten),auf Aal, Plattfische, Dorsch, Hornhechte und Meerforellen angeln.
Jahresfischereischein erforderlich.

Touristische Informationen

Warnemünder Drachenfest

Jedes Jahr am 2. September-Wochenende verdecken bunte Drachen den Himmel über dem Ostseebad. Am Samstagabend ist der eigentliche Höhepunkt des Festes: ein Lampionumzug für alle Eltern und Kinder, das anschließende gespenstische Nachtfliegen der Drachen und ein riesiges Höhenfeuerwerk. Musikalisch begleitet wird das Drachenfest von den Konzerten der Kelly-Family und weitere Auftritte wechselnder Gruppen.

Besonderheit: Eintritt frei

Anfahrt: A19 Berlin-Rostock, Abfahrt Rostock-Ost auf die B105 durch Rostock bis hinter dem Stadtteil Schutow die B103 bis Warnemünde abzweigt.

Info: Ostsee Zeitung, Richard-Wagner-Str. 1a, 18055 Rostock.

Warnemünder Drachenfest

Tonnenabschlagen Born

Am 1. Sonntag im August wird der König der Tonnenreiter gekürt. Diese Sportart wird auch für Kinder zum Wettbewerb.

Info: Regionaler Fremdenverkehrsverband, Klosterstr. 21, 18374 Ostseebad Zingst.

Zoo Rostock

Rostock besitzt mit einer Fläche von 56 Hektar den größten Zoo an der deutschen Nord- und Ostseeküste. Hier kann man ca. 2000 Tiere und über 50 exotische Baumarten bestaunen. Jährlich gibt es zwei große Kinderfeste. Erlebnisspielplatz, auf dem dem Zoo angeschlossenen Fohlenhof in Biestow Reitmöglichkeiten für Kinder.

Öffnungszeiten:
Ganzjährig: 9.00 bis 17.00 Uhr,
Oktober - März: 9.00 bis 16.00 Uhr. Der Ausgang ist jeweils 1 Stunde länger offen.

Anfahrt:
Mit dem Auto: Vom Stadtzentrum Rostock in Richtung Wismar.
Mit Bahn und Bus: Straßenbahn Linie 11, Bus Linie 39

Info: Zoologischer Garten, Rennbahnallee 21, 18059 Rostock.

Sehenswertes in der Region:

Ribnitz-Damgarten gilt als westliches Tor zu der Halbinselkette Fischland, Darß und Zingst. Zu besichtigen sind die Marienkirche aus dem 13./14. Jahrhundert und das Rostocker Tor von 1430.
Seit Herbst 1999 kann man im Ortsteil Damgarten Deutschlands größtes Bernstein verarbeitendes Unternehmen besichtigen. Hier wird das „Gold des Meeres" zu Schmuck. Im Bernsteinmuseum (das einzige in Deutschland) werden die Besucher über die Natur-, Kunst- und Kulturgeschichte des Bernsteins informiert. Hier findet man auch beim Rundgang die berühmten Ribnitzer Holzmadonnen aus dem Mittelalter.

Schöne Ausflugsziele in der Umgebung von Ribnitz Damgarten sind unter anderem das alte Sol- und Moorbad Bad Sülze mit seinem Kurpark und dem Salzmuseum, sowie das Freilichtmuseum Klockenhagen. Hier erlangt man einen Einblick in das dörfliche Leben Mecklenburgs.

In Wustrow auf Fischland sieht man zwischen reetgedeckten Katen kleine Kapitänshäuser, die von der traditionellen Seefahrer- und Fischereivergangenheit zeugen. Die Seebrücke in Wustrow ist mit einer Länge von 180 Metern auch ein begehrter Angelplatz. Einen tollen Ausblick über die Ostsee vor Fischland hat man auch von der Aussichtsgalerie der Kirche. Das 18 Meter hohe Fischländer Kliff, welches ein „wilder" Küstenabschnitt ist, beginnt ebenfalls bei Wustrow.

In Prerow befindet sich die Seemannskirche, die in ihrem Innern eine Sammlung von Schiffsmodellen aus dem 18. und 19. Jahrhundert beherbergt. Aus dem späten Barock stammt der Kanzelaltar und die Taufkapelle.

Südlich von Zingst erlebt der Besucher das bedeutendste Küstenvogel-Schutzgebiet der Ostseeküste. Eine Aussichtskanzel bietet dem Naturfreund gute Beobachtungsmöglichkeiten auf die Große Kirr im Barther Bodden.

Wieck am Darß ist mit seinen reetgedeckten Häusern eines der schönsten Dörfchen am Bodstedter Bodden. Der 87 Meter hohe Kirchturm ist das Wahrzeichen und kann montags bis freitags von 13.00 Uhr bis 17.00 besichtigt werden.
Auf Wanderwegen kann man den „Darßer Urwald" durchqueren. Dieses Waldgebiet ist auf Grund seiner hohen Luftfeuchtigkeit ein fast perfekter subtropischer Urwald, in dem Farne teilweise eine Höhe von 3 Metern erreichen.

Mecklenburgische Seenplatte

An der Müritz

Tipp: Angel- und Familien-urlaub im Feriendorf Heidenholz.

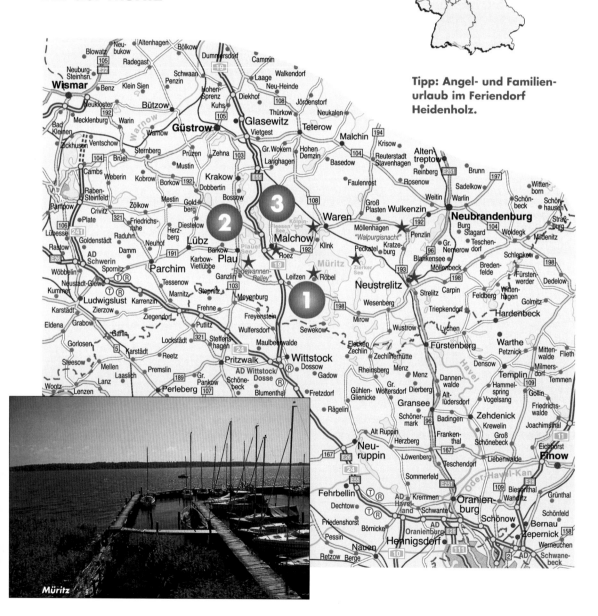

Müritz

Die Müritz im Süden von Mecklenburg-Vorpommern gelegen ist mit rund 117 km² nach dem Bodensee, der größte See Deutschlands. Der Name geht auf das slawische Wort „Morze" zurück, was soviel wie Meer bedeutet.

Mit einer Länge von fast 30 km und bis 14 km Breite ist die Müritz ein „Eldorado" für den Angler. Das Wasser ist weich und relativ kalt und durchschnittlich nur 6 Meter tief, an manchen Abschnitten jedoch 20-30 Meter. Das eng vernetzte Geflecht aus Wasserläufen und zahllosen kleineren Seen um die Müritz machen das Gebiet zum Herzstück der Mecklenburgischen Seenplatte. Am Nordufer der Müritz liegt der Ort Waren, der ein echter Geheimtipp für Wasserratten ist.

Sehenswert ist vor allem der Nationalpark Müritz am Ostufer. Er bietet ein umfangreiches Wander- und Radwegenetz und damit viele Möglichkeiten zu eigenständigen Erkundungen.

Der 1990 eingerichtete Naturpark gehört zu den schönsten Gegenden Mecklenburg-Vorpommerns. Er umfasst zwei Teilbereiche. Zum einen das Ostufer der Müritz zwischen Waren und Neustrelitz, sowie einen kleinen Bereich zwischen Neustrelitz und Feldberg. Urwälder, schilfgesäumte Seen und Teiche, Sümpfe und Wiesen sind die Heimat von vielen Wildtieren und seltenen Vogelarten. See- und Fischadler finden hier ihren Lebensraum. Im Frühjahr und Herbst machen tausende von Kranichen auf ihrer langen Reise hier Station. Es werden im Park auch naturkundliche Führungen angeboten.

Barschfilet gebraten

Zubereitung:
Die Barschfilets werden unter fließendem kaltem Wasser gewaschen und anschließend gut trockengetupft. Mit Zitronensaft, Salz und schwarzem Pfeffer würzen. In Ei und Semmelbrösel wenden und in der vorgeheizten Pfanne von beiden Seiten je 5 Minuten goldbraun ausbacken.

Mit Petersilie und dünnen Zitronenscheiben auf einer vorgewärmten Platte anrichten.

Als Beilage gibt es hausgemachten Kartoffelsalat.

Zutaten:	
(für 4 Personen)	
400 g	Barschfilets
2 El	Zitronensaft
	Semmelbrösel
60 g	Butter
3 l	Sonnenblumenöl
1	Ei
1	Zitrone
	Salz
	schwarzer Pfeffer
1	Bund Petersilie

Empfehlung:
dazu ein 1991-er
Klingenmünsterer
Portugieser Weißherbst

Gewässerinformationen

Müritz

Fischvorkommen:
Aal, Hecht, Zander, Barsch, Karpfen, Schleien, Aalquappen, Maränen, Weißfische.

Ausgabestelle:
Fischerei Müritz-Plau GmbH, Eldenholz 42,
17192 Waren

Fangbestimmungen:
3 Fische der Arten: Hecht, Zander, Aal oder Karpfen pro Angeltag,
Restliche Fischarten ohne Beschränkung.

Angeltipp:
Bootsangeln erlaubt. Besonders erfolgreich angelt man im Bereich Boek oder in der Binnenmüritz im Bereich Warener Berg auf kapitale Hechte und Karpfen.

Plauer See

Fischvorkommen:
Aal, Hecht, Zander, Barsch, Karpfen, Schleien, Aalquappen, Maränen, Weißfische.

Ausgabestelle:
Fischerei Müritz-Plau GmbH, Eldenholz 42,
17192 Waren

Fangbestimmungen:
Pro Angeltag dürfen zusammen nicht mehr als 3 Fische der Arten: Hecht, Zander, Aal oder Karpfen gefangen werden.
Restliche Fischarten ohne Beschränkung.

Angeltipp:
Im Frühjahr und Herbst ziehen durch den Plauer See riesige Barschschwärme. Barsche von 40 cm Länge sind an der Tagesordnung und keine Seltenheit.

Fleesensee/Kölpinsee

Fischvorkommen:
Aal, Hecht, Zander, Barsch, Karpfen, Schleien, Aalquappen, Maränen, Weißfische.

Ausgabestelle:
Fischerei Müritz-Plau GmbH, Eldenholz 42,
17192 Waren

Fangbestimmungen:
Pro Angeltag dürfen zusammen nicht mehr als 3 Fische der Arten: Hecht, Zander, Aal oder Karpfen gefangen werden.
Restliche Fischarten ohne Beschränkung.

Angeltipp Fleesensee:
Der Fleesensee ist bekannt für seinen guten Raubfischbestand. Im Bereich Nossentin ist es ruhiger und es werden kapitale Hechte geangelt.

Angeltipp Kölpingsee:
An der Landenge zum Reeckkanal werden große Karpfen auf Teig oder Mais geangelt.

Touristische Informationen

Fischer bei der Arbeit

Badewannen-Rallye

Jährlich an einem Wochenende Mitte Juli darf man in Plau am See alles zu Wasser lassen, was irgendwie seetauglich ist. Der Phantasie der Konstrukteure sind keine Grenzen gesetzt.

Der Auftakt dieses Festes bildet am Freitagabend eine Miss- und Mister-Wahl. Samstags beginnt die Badewannen-Ralley. Sie wird von einem bunten Markt-treiben, Indianershow, Neptuntaufe, Musik und Modeschauen begleitet. Am Abend ist dann der große Wannenball mit Tanz und Feuerwerk, bevor das Fest am Sonntag mit musikalischem Frühschoppen und dem Fischmarkt ausklingt. Eintritt frei.

Anfahrt: A 19, bis Abfahrt Malchow auf die B 192, dann auf die B 103 bis Plau am See.

Walpurgisnacht

Immer in der Nacht vom 30. April auf den 1. Mai beginnt der nächtliche Spuk mit Hexentanz in Penzlin. Die Kulisse dieser Walpurgisnacht bildet die mittelalterliche Burg aus dem 16. Jahrhundert. Attraktionen in der Alten Burg sind die düsteren Folterkeller und die historischen Darbietungen der Kinder von Penzlin. Der Zauberer, ein Fackelzug zur Alten Burg und der Tanz ums Hexenfeuer gehören dazu. Eintritt frei.

Anfahrt: A 19, Abfahrt Petersdorf auf die B 192 Richtung Waren, weiter auf der B 192 Richtung Penzlin.

Info: Touristreninformation Penzlin, Warener Str. 32, 17217 Penzlin.

Sehenswertes in der Region:

Am Kölpinsee in Damerower Werder liegt das 280 Hektar große Wisentfreigehege. Es dient zur Erhaltung der nahezu ausgerotteten Wisente. Hier kann man Teile der großen Herde in einem Schaugehege bestaunen.

Eine besondere Attraktion bietet ab Malchow die Ausflugsflotte der „Drei-Seen-Fahrt". Es geht über den Malchower See, dann durch enge Kanäle zum Petersdorfer- und in den Plauer See.

Es empfiehlt sich ein Besuch der Müritz-Therme in Röbel, mit Erlebnisbecken und einer 60 Meter langen Wasserrutsche, Whirlpool, Sprudelliegen, Massagedüsen und Strömungskreisel.

Einen Ausflug zum Tiergarten Neustrelitz, wo „Füttern erwünscht" ist, lohnt sich vor allem für Kinder. In diesem Streichelzoo sind hauptsächlich einheimische Tiere zu Hause.

Der Zierker See bei Neustrelitz mit seinen Findlingsarten und Forstbotanischen Lehrpfad ist schon eine Attraktion, jedoch die Wanderroute über die Freilichtgalerie, in der acht Künstler aus 6 Ländern viele Skulpturen zum Thema Mensch und Natur ausstellen, ist das absolute Highlight.

Bootsausflug

Harz und Hochharz

Im nördlichsten deutschen Mittelgebirge

Tipp: Okertalsperre, ein tolles Salmonidengewässer.

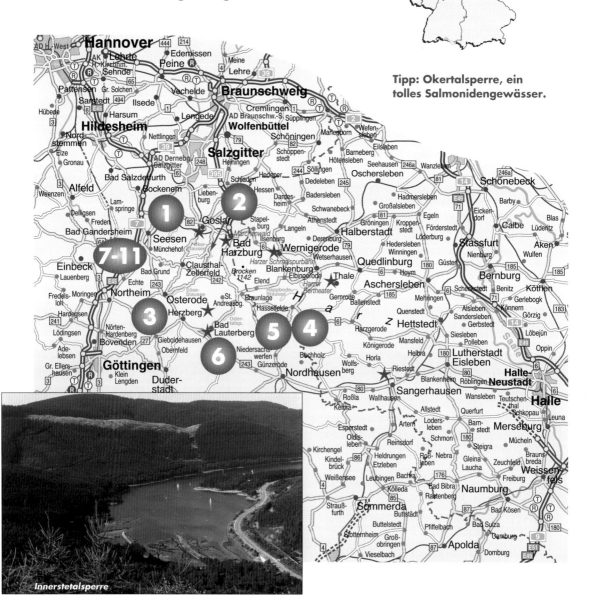

Innerstetalsperre

Zwischen Braunschweig und Halle/Saale liegen die zwei Nationalparks Harz und Hochharz. Der Nordwestteil des Gebirges erhebt sich markant aus dem norddeutschen Tiefland. Steile Bachtäler trennen die im Osten gelegenen weiten Hochflächen vom Unterharz.

Der Angler findet hier sieben Trinkwassertalsperren, die das Wasser der Innerste und Söse, Oder und Bode, sowie vieler kleiner klarer Bäche aufnehmen.
Die Nationalparks waren im Mittelalter Schatzkammern mit Silber und Gold, heute sind sie vor allem Wasserspeicher und herrliche Naturparadiese.

Die Nationalparks bieten Naturerlebnisprogramme für Kinder, Jugendliche und Erwachsene. Erlebnispfade und Waldführungen zum 1142 Meter hohen Brocken (Goetheweg) sind bei allen Besuchern sehr beliebt. Darüber hinaus locken den Harzbesucher die Fahrten mit der Harzquer-, der Selketal- und der Brockenschmalspurbahn. Die vielen klaren Bergseen verführen zum Schwimmen, Bootfahren und Segeln.

Forelle blau

Zubereitung:
Fangfrische Forellen werden ausgenommen und gebogen. Dafür einen Küchenfaden durch den Unterkiefer und das Schwanzende ziehen und verknoten. Man setzt sie vorsichtig in einen Sud aus Wasser, einer Prise Salz, Essig, einem halben Lorbeerblatt, 3 Pfefferkörnern und ein wenig Petersilie.

Ganz nach Geschmack können noch in Scheiben geschnittene Zwiebel oder Karotte dazu gegeben werden. Man zieht den Topf sofort vom Feuer und lässt die Forellen leise köchelnd gar werden. Der Sud darf nicht kochen und wird notfalls abgeschreckt. Sobald die Augen der Forelle hervortreten, die Bauchlappen sich etwas nach außen biegen und die Bauchflosse sich leicht lösen lässt, ist der Fisch fertig. Man hebt die Forellen sorgfältig aus dem Kochwasser, tropft sie gut ab und legt sie auf eine vorgewärmte Platte und garniert mit Petersilie oder Kresse und Zitrone.
Beilage: Salzkartoffeln und Meerrettichsahne.

Zutaten:	
(für 4 Personen)	
4	**Forellen**
	Salz
1	**Tasse Essig**
1 l	**Wasser**
1/2	**Lorbeerblatt**
3	**Pfefferkörner**
	Petersilie (glatte)
1	**Zitrone**
2	**Zwiebeln**
1	**Karotte**

Empfehlung:
dazu ein halbtrockener
Riesling
Heppenheimer Eckweg

Gewässerinformationen

Innerste Talsperre

Fischvorkommen:
Hecht, Barsch, Karpfen.
Fangbestimmungen:
Nachtangeln erlaubt, 2 Ruten
Angeltipp:
Die Saison beginnt schon Ende März und dauert bis 31.12. eines jeden Jahres. Die Talsperre gilt als ein ausgesprochen gutes Raubfischgewässer.

Okertalsperre

Fischvorkommen:
Bachforelle, Regenbogenforelle, Äsche, Barsch.
Fangbestimmungen:
1 Stunde vor Sonnenaufgang bis 1 Stunde nach Sonnenuntergang, 3 Salmoniden pro Angeltag.
Angeltipp:
Die Okertalsperre ist ein Trinkwasserspeicher und ein tolles Salmonidengewässer, dass nur mit künstlichen Ködern beangelt wird. Achtung: Weichplastikköder sind verboten.

Sösetal Vor- und Hauptsperre

Fischvorkommen:
Aal, Hecht, Zander, Barsch, Bach- und Regenbogenforelle, Seeforelle, Schleien, Karpfen, Weißfische.
Fangbestimmungen:
1 Stunde vor Sonnenaufgang bis 1 Stunde nach Sonnenuntergang. Pro Angeltag dürfen 3 Salmoniden, 2 Hechte, 2 Zander, 2 Karpfen, 4 Schleien und 5 Aale entnommen werden. Von April bis zum 14. 5. mit 1 Rute und nur künstliche Köder. Von 15.5. bis 30.11. mit 2 Ruten und alle Köder.
Angeltipp:
Sehr guter Forellenbestand.

Rappbodetalsperre

Fischvorkommen:
Aal, Hecht, Zander, Barsch, Bach- und Regenbogenforelle, Maränen, Schleien, Karpfen, Weißfisch.
Fangbestimmungen:
Mit zwei Ruten pro Angeltag dürfen drei Edelfische entnommen werden.
Angeltipp:
Vom 1.4 bis 31.12 Raubfischsaison mit sehr guten Fängen.

Gewässerinformationen

Hasselvorsperre

Fischvorkommen:
Aal, Hecht, Zander, Barsch, Bach- und Regenbogenforelle, Maränen, Schleien, Karpfen, Weißfisch.
Fangbestimmungen:
Mit zwei Ruten pro Angeltag dürfen drei Edelfische entnommen werden. Saison vom 1.4. bis 31.12..
Angeltipp:
Gutes Hecht und Forellengewäser.

Odertalsperre

Fischvorkommen:
Aal, Hecht, Zander, Barsch, Bachforelle, Schleien, Karpfen, Weißfische.
Fangbestimmungen:
Drei Ruten, Saison ist durchgehend, Eisangeln erlaubt.
Angeltipp:
Die Odertalsperre ist bekannt für einen kapitalen Hechtbestand.

Harderbacherteich

Fischvorkommen:
Aal, Hecht, Zander, Barsch, Bachforelle, Regenbogenforelle, Schleien, Karpfen, Weißfische.
Fangbestimmungen:
3 Salmoniden, 2 Hechte, 2 Zander, 2 Karpfen, 4 Schleien, 5 Aale pro Angeltag.
Angeltipp:
Sehr gutes Mischgewässer, große Aale werden auf Fischfetzen gefangen.

Prinzenteich

Fischvorkommen:
Aal, Hecht, Zander, Barsch, Bachforelle, Regenbogenforelle, Schleien, Karpfen, Weißfische.
Fangbestimmungen:
3 Salmoniden, 2 Hechte, 2 Zander, 2 Karpfen, 4 Schleien, 5 Aale pro Angeltag.
Angeltipp:
Im Prinzenteich gibt es einen guten Hechtbestand.

Wasserläuferteich

Fischvorkommen:
Bachforellen, Äschen.
Fangbestimmungen:
1 Stunde vor Sonnenaufgang bis 1 Stunde nach Sonnenuntergang, 3 Salmoniden pro Angeltag.
Angeltipp:
Ein Topgewässer für Bachforellen.

Gewässerinformationen

 10

Schwarzbacher Teich

Fischvorkommen:
  Aal, Hecht, Zander, Barsch, Bachforelle, Schleien, Karpfen, Weißfische.
Fangbestimmungen:
  3 Salmoniden, 2 Hechte, 2 Zander, 2 Karpfen, 4 Schleien, 5 Aale pro Angeltag.
Angeltipp:
  Im Schwarzbacher Teich gibt es einen guten Hechtbestand.

 11

Bärenbrucher See

Fischvorkommen:
  Bach- und Regenbogenforellen.
Fangbestimmungen:
  1 Stunde vor Sonnenaufgang bis 1 Stunde nach Sonnenuntergang, 3 Salmoniden pro Angeltag.
Angeltipp:
  Ein Topgewässer für den Fliegenfischer.

Weitere Top-Angelreviere im Harz und Ostharz:

Söse, die Söse bei Osterode ist ein hervorragendes Salmonidengewässer. Fischvorkommen: Bach- und Regenbogenforellen, Äschen. Fangbestimmungen: 3 Salmoniden pro Angeltag.
Oberer- und Unterer Spiegeltaler See, in der Nähe von Clausthal- Zellerfeld. Gutes Salmonidengewässer. Fischvorkommen: Bach- und Regenbogenforellen, Äschen. Fangbestimmungen: 3 Salmoniden pro Angeltag. 1 Stunde vor Sonnenaufgang bis 1 Stunde nach Sonnenuntergang.
Oberer Grumbacher Teich, südwestlich von Goslar. Fischvorkommen: Aal, Hecht, Zander, Karpfen, Schleien, Bach- und Regenbogenforellen, Weißfische. Fangbestimmungen: 3 Salmoniden pro Angeltag. 1 Stunde vor Sonnenaufgang bis 1 Stunde nach Sonenuntergang.
Unterer Kellerhals See, südwestlich von Goslar. Fischvorkommen: Bach- und Regenbogenforellen, Äschen. Fangbestimmungen: 3 Salmoniden pro Angeltag. 1 Stunde vor Sonnenaufgang bis 1 Stunde nach Sonnenuntergang.
Schröterbacher See, bei Clausthal-Zellerfeld. Fischvorkommen: Aal, Hecht, Karpfen, Bach- und Regenbogenforellen, Weißfische. Fangbestimmungen: 3 Salmoniden pro Angeltag. 1 Stunde vor Sonnenaufgang bis 1 Stunde nach Sonnenuntergang.
Kalte und Warme Bode, feines Gewässer im Oberharz bei Sorge. Fischvorkommen: Bach- und Regenbogenforellen. Fangbestimmungen: 3 Salmoniden pro Angeltag. 1 Stunde vor Sonnenaufgang bis 1 Stunde nach Sonnenuntergang. Weitere Informationen über dieses Gewässer, ASV Oberharz von 1990 e.V.
Zorge, bei Nordhausen. Fischvorkommen: Aal, Hecht, Karpfen, Barsch, Bach- und Regenbogenforellen, Äschen, Weißfische.
Fangbestimmungen: 3 Bachforellen oder 2 Äschen pro Angeltag. 1 Stunde vor Sonnenaufgang bis 1 Stunde nach Sonnenuntergang.
Wieda, bei Nordhausen.
Fischvorkommen: Bach- und Regenbogenforellen, Äschen. Fangbestimmungen: 3 Bachforellen oder 2 Äschen pro Angeltag. 1 Stunde vor Sonnenaufgang bis 1 Stunde nach Sonnenuntergang.
Helme, bei Nordhausen.
Fischvorkommen: Bach- und Regenbogenforellen, Äschen.
Fangbestimmungen: 3 Bachforellen oder 2 Äschen pro Angeltag. 1 Stunde vor Sonnenaufgang bis 1 Stunde nach Sonnenuntergang.
Wipper, bei Nordhausen.
Fischvorkommen: Bach- und Regenbogenforellen.
Fangbestimmungen: 3 Bachforellen oder 2 Äschen pro Angeltag. 1 Stunde vor Sonnenaufgang bis 1 Stunde nach Sonnenuntergang.

Touristische Informationen

Okerstausee

Bergbaumuseum Röhrigschacht

Im Ostharz liegt das Schaubergwerk Röhrigschacht, und für alle Besucher ist die Untertage-Exkursion im 300 Meter tiefen Kupferbergwerk mit Führung sehr zu empfehlen. Ausstellungsstücke wie Bohr- und Ladegeräte, untertägige Transportmittel und Trommelfördermaschine kommen aus den Bereichen des Altbergbaus bis hin zur Neuzeit.
Die Grubeneinfahrt ist während der Öffnungszeiten um 10.00, 11.15, 12.30, 13.45 und 15.00 Uhr.
Öffnungszeiten: Mi. bis So. 9.30 bis 17.00 Uhr
Anfahrt: B 80, Nordhausen-Sangershausen, Lutherstadt/Eisleben bei Sangershausen, Richtung Wettelrode.

Harzer Bergtheater Thale

Die „grüne" Bühne auf dem Hexentanzplatz besteht bereits seit 1903. Auf dem Programm stehen nicht nur Klassiker, wo laut Goethes „Faust" in der Walpurgisnacht vom 30. April zum 1. Mai die Hexen tanzen, sondern im Sommer ein vielseitiges Angebot für die ganze Familie. Ob der „Zauberer von Os" oder ein Märchen der Gebrüder Grimm, werden diese Inszenierungen vor allem Jugendliche und Kinder begeistern.
Anfahrt: von Blankenburg nach Thale im Ostharz und dort mit der Personenschwebebahn auf den Hexentanzplatz
Info: Harzer Bergtheater Stadt Thale, Hexentanzplatz.

Märchenwald

In Bad Harzburg finden vor allem die jungen Besucher anschauliche und mit handgeschnitzten Märchenfiguren ausgestattete, bewegliche Bühnenbilder der bekanntesten Märchen. Hier können die Kleinen in einem Kinderverkehrsgarten auf batteriebetriebenen Fahrzeugen sich nach Herzenslust austoben.
Anfahrt: von Bad Harzburg auf der B 4 Richtung Braunlage
Öffnungszeiten: täglich von 9.00 bis 18.00 Uhr

Harzer Schmalspurbahn

Diese ganzjährig fahrenden historischen Dampflokomotiven der Harzer Schmalspurbahn GmbH ist eine besondere Attraktion im östlichen Harz. Eine Fahrt mit der berühmten Brockenbahn ist bei Jung und Alt beliebt.
Information und Fahrplan:. Harzer Schmalspurbahn GmbH, Friedrichstr. 151, 38855 Wernigerode.

Sehenswertes in der Region:

Das Schaubergwerk Rammelsberg bei Goslar ist von der UNESCO als Kulturerbe anerkannt. Das Erzbergwerk blickt auf eine 1000-jährige Geschichte zurück.
Im Silberbergwerk und Bergbaumuseum Lautenthal bekommen die Besucher einen Einblick in die harte Arbeit der Bergleute. Mit dem „Feurigen Elias", einer funktionsfähigen Grubenbahn, fährt man in die Welt, die von der über 1000-jährigen Geschichte des Oberharzer Bergbaus zeugt.
Mitten im Naturpark liegt der 65.000 m^2 große und sehr schöne Freizeitpark Sieber. Den freizugänglichen Park erreicht man über Herzberg am Harz, nach ca. 8 km in Richtung Sankt Andreasberg. Hier findet man eine große Sport- und Spielanlage mit Minigolf, Boccia- und Shuffleboardbahn und einer Schach- und Skatecke.
Im Freizeitbad Vitamar in Bad Lauterberg lässt man den Alltag hinter sich. Eingebettet in eine Felsenlandschaft und subtropische Vegetation, ist diese 1100 m^2 große Wasserlandschaft mit einer 120 Meter langen Wasserrutsche ideal für Spaß und Entspannung.
Im größten Heilbad des Harzes am Ausgang des Radautales liegt Bad Harzburg mit seinen Heilquellen. Der Besucher sollte das attraktive Silberborn-Familienbad, die sehenswerte Kirche Sankt-Andreas und den „Großen Burgberg" mit den Resten der Harzburg (mit einer Seilbahn zu erreichen) einplanen.

Berlin-Havelseen

Zwischen Potsdam und Berlin - Im Südwesten der Hauptstadt

Tipp:
Die Havel ein hervoragendes Aal- und Zander-Revier.

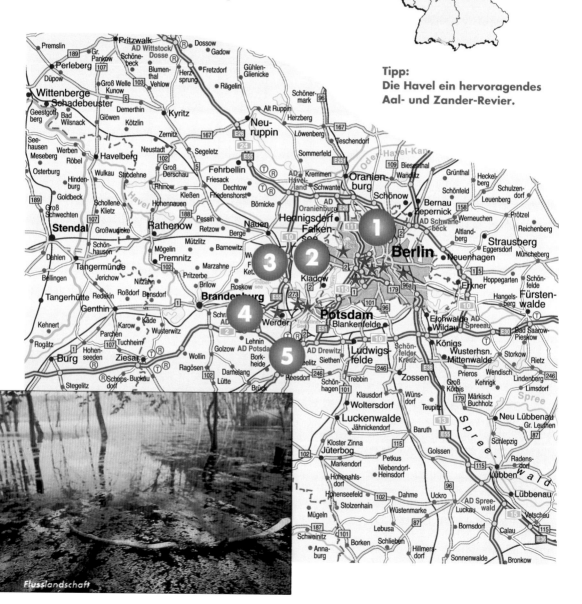

Flusslandschaft

Das Hauptgebiet der Havelseen im Südwesten von Berlin ist ein Paradies für Wassersportler. Weitläufige Niederungen und viel Wasser, Kanäle und langezogene Rinnenseen prägen diese stille Wiesenlandschaft.

Bei den Anglern ist die fischreiche Havel, die sich immer wieder zu Seen erweitert, sehr beliebt. Angefangen mit den bekannten Seen der Berliner, dem Tegeler See und dem Großen Wannsee, dem vor den Toren von Potsdam liegenden Templiner See und dem Schlosee, um nur einige zu nennen.

Vor den Toren Berlins gelegen, bietet natürlich dieses Gebiet einen besonderen touristischen Reiz. Ob man mit seinen Lieben auf Deutschlands Flaniermeile Nr. 1, dem „Kudamm", einen Bummel macht oder durch das Brandenburger Tor spaziert, sich rund um den Alexanderplatz in den zahllosen Kneipen eine Berliner Weiße schmecken lässt, auf dem Wannsee zwischen Spandau und Potsdam eine Schifffahrt gönnt oder in Potsdam die herrliche Gartenanlage „Sanssouci" besichtigt, hier gibt es viel zu entdecken.

Aal mit Dillsauce

Zubereitung:
Den küchenfertigen Aal in 5-6 cm lange Stücke schneiden, gründlich waschen und mit Küchenkrepp trockentupfen. Einen Topf mit etwa 1/2 Liter Wasser, einem Esslöffel Salz und Essig zum Kochen bringen. Eine Zwiebel mit den Nelken spicken und mit dem Lorbeerblatt in das kochende Wasser geben. Dann fügt man die

Aalstücke hinzu und lässt sie bei schwacher Hitze in etwa 20 Minuten gar ziehen.
Dillsauce:
Schalotten schälen und fein würfeln. In einem kleinen Topf zerlässt man die Butter bei mäßiger Hitze und dünstet die Würfel glasig. Den Weißwein und die Sahne in den Topf geben und die

Sauce cremig einkochen. Den Dill klein zupfen, in die Sauce geben und die Crème fraîche darunter rühren. Mit Pfeffer und Salz wird abgeschmeckt. Den gegarten Aal auf den Tellern anrichten und mit der Sauce übergießen.
Beilage: Petersilienkartoffeln und Gurkensalat mit Sahne.

Zutaten:
(für 4 Personen)

1 kg	Aal
1 El	Salz
1/8 l	Essig
1	Zwiebel
1	Lorbeerblatt
2	Nelken

für die Dillsauce:

2	Schalotten
100 g	Butter
0,1 l	Weißwein trocken
0,3 l	Schlagsahne
1	Bund Dill
2 El	Crème fraîche
	Salz
	weißer Pfeffer

Empfehlung:
dazu einen 1996-er
Erlenbacher Krähenschnabel

Gewässerinformationen

1 Tegeler See

Fischvorkommen:
Aal, Hecht, Zander, Karpfen, Schleien, Barsch, Wels/Waller, Weißfische.
Fangbestimmungen:
3 Edelfische pro Angeltag
Angeltipp:
Guter Bestand von Aal und Zander.

2 Havel

Fischvorkommen:
Aal, Hecht, Zander, Karpfen, Schleien, Barsch, Wels/Waller, Aalquappen, Döbel, Rapfen Weißfische,
Ausgabestelle:
Fischersozietät Tiefenwerden-Pichelsdorf, Pichelswerderstr. 2, 13597 Spandau.
Fangbestimmungen: Keine
Angeltipp:
In dem Havel-Abschnitt werden Aale und Zander am häufigsten gefangen.

3 Havel und Sacrow-Paretzer Kanal

Fischvorkommen:
Aal, Hecht, Zander, Karpfen, Schleien, Barsch, Wels/Waller, Weißfische, Aalquappen, Döbel, Rapfen.
Ausgabestelle:
Fischersozietät Tiefenwerder-Pichelsdorf, Pichelswerderstr. 2, 13597 Spandau.
Fangbestimmungen: Keine
Angeltipp:
Da die Havel bei Ketzin einen guten Wallerbestand aufweist, lohnt es sich, in den Abendstunden eine Wallerrute auszulegen. An den Übergängen vom Sacrow-Paretzer-Kanal in die Seen bestehen gute Aussichten mit dem Rapfenblei, um einen kapitalen Fang zu landen. Im kanalisierten Bereich sind sehr gute Zanderfänge möglich.

4 Trebelsee

Fischvorkommen:
Aal, Hecht, Zander, Karpfen, Schleien, Barsch, Wels/Waller, Weißfische, Aalquappen, Döbel, Rapfen.
Ausgabestelle:
Fischersozietät Tiefenwerder-Pichelsdorf, Pichelswerderstr. 2, 13597 Spandau.
Fangbestimmungen: Keine
Angeltipp:
Im Trebelsee ist ein sehr guter Raubfischbestand.

5 Templiner See

Fischvorkommen:
Aal, Hecht, Zander, Karpfen, Schleien, Barsch, Wels/Waller, Aalquappen, Döbel, Rapfen, Weißfische.
Ausgabestelle:
Fischersozietät Tiefenwerder-Pichelsdorf, Pichelswerderstr. 2, 13597 Spandau.
Fangbestimmungen: Es darf mit einer Raubfisch- und Friedfischrute geangelt werden.
Angeltipp:
Im Templiner See werden in den späten Abendstunden beachtenswerte Zander gefangen.

Touristische Informationen

Eingangstor Zoologischer Garten

Zoologischer Garten

Mitten in Berlin liegt dieser „Stadtzoo" mit 2000 Arten und 14000 Tieren als grüne Insel in der Hauptstadt.

Es ist der älteste Zoo Deutschlands. Attraktionen sind die Pandas, Menschenaffen, Okapis und das große Aquarium mit Terrarium. Für die Kleinen gibt es einen Kinderzoo und Haustierhof.

Anfahrt: S- und U-Bahn bis Bahnhof Zoo

Öffnungszeiten: täglich von 9.00 bis 17.30 Uhr, höchstens jedoch bis Eintritt der Dunkelheit

Info: Zoologischer Garten Berlin, Hardenbergplatz 8, 10787 Berlin.

Deutsches Technikmuseum Berlin

Auf dem Gelände des ehemaligen Anhalter Güterbahnhofs befindet sich seit 1982 in historischen Gebäuden das Museum für Verkehr- und Technik. Der Besucher kann auf 14.000 m² Verkehrs- und Technikgeschichte erleben. Im SPECTRUM (Eingang Möckernstraße) bringen über 220 Experimente dem Besucher wissenschaftliche Kenntnisse näher.

Anfahrt: U-Bahn Station Gleisdreieck oder Möckernbrücke

Öffnungszeiten: Di bis Fr 9-17.30 Uhr, Sa und So 10-18.00 Uhr

Info: Deutsches Technikmuseum Berlin, Trebbiner Str. 9, 10963 Berlin.

Spreepark Berlin

Direkt an der Spree gelegen liegt Berlins Freizeit- und Erholungspark mit vielen Highlights von der Achterbahn bis zur Westernstadt. Berlin von oben kann man vom Riesenrad betrachten. Aber so richtig atemberaubend wird es in der Wildwasserbahn (sie ist eine der größten in Europa).

Anfahrt: S-Bahn bis Pläntenwald, U-Bahn bis Schlesisches Tor, mit Bus 265 bis Rathaus Treptow.

Öffnungszeiten: von 9. März bis 25. Oktober, 9.00 bis 19.00 Uhr

Info: Spreepark Berlin, Kiehnwerderallee 1-3, 12437 Berlin-Treptow.

Boulevarieté

Jährlich 3 Tage (am letzten Septemberwochenende) findet dieses Straßenspektakel unter freiem Himmel auf der Postdamer Straße in Berlin statt. Artisten aus aller Welt, fingerfertige Jongleure, waghalsige Akrobaten, Musikanten und Clowns begeistern mit ihren Vorführungen die großen und kleinen Besucher. Der Eintritt ist frei.

Anfahrt: mit öffentlichen Verkehrsmitteln ist ratsam, da der Verkehr weiträumig abgesperrt wird.

Info: Wintergarten „Das Varieté", Potsdamer Str. 96, 10785 Berlin.

Baumblütenfest

Vor den Toren Berlins findet im Wonnemonat Mai dieses traditionsreiche Volksfest mit einem großen Unterhaltungsprogramm für Familien statt. Festzeit jährlich Ende April/Anfang Mai, der Eintritt ist frei.

Anfahrt: A 2 bis Autobahndreieck Werder, dort auf die A 10 bis Abfahrt Groß-Kreutz auf die B 1 bis Werder.

Info: Tourismusbüro Werder/Havel, Kirchstr. 6-7, 14542 Werder/Havel.

Sehenswertes in Berlin

Hinweis: Mit S- und U-Bahn, Straßenbahnen und Bussen des Berliner Verkehrsverbandes können Sie hier alle aufgeführten Sehenswürdigkeiten problemlos erreichen: Brandenburger Tor, Unter den Linden, Gendarmenmarkt, Friedrichstraße, Museumsinsel, Nikolaiviertel, Alexanderplatz, Berliner Dom, Lustgarten, Reichtagsgebäude, Tierpark, Kaiser-Wilhelm-Gedächtniskirche, Europa-Center, Funkturm, ICC, Avus, Olympiastadion und vieles mehr.

Sehenswertes in der Region

Auf einer Havelinsel gibt die Zitadelle Spandau einen eindrucksvollen Einblick in die 750-jährige Geschichte Spandaus.

Schloss Charlottenburg, die Residenz des Königpaares Friedrich I. und Sophie Charlotte, beherbergt ein Museum für Vor- und Frühgeschichte.

Schloss Sanssouci in Potsdam, erbaut von Friedrich dem Großen, ist eine der Hauptattraktionen. Im Park findet man über 400 Marmorskulpturen.

Spreewald-Niederlausitz

Die Auenwald- und Wasserlandschaft

Tipp: Angeln an der fischreichen Spree.

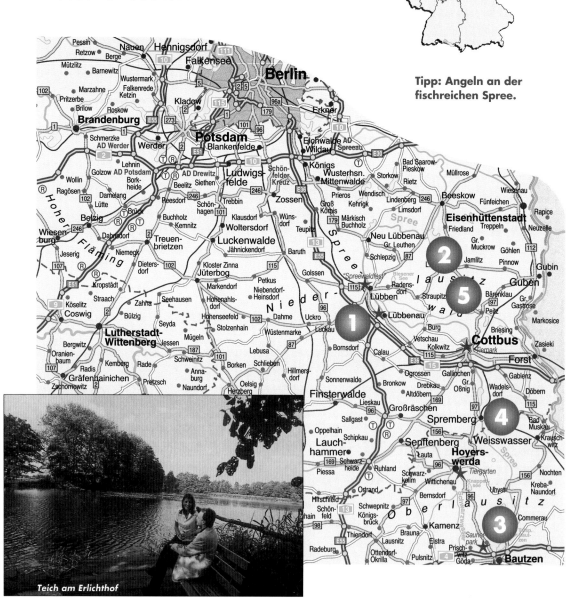

Teich am Erlichthof

Zwischen Lübben und Bautzen liegen die Biosphärenreservate Spreewald und Oberlausitzer Heide und die Teichlandschaften. Vor über einem Jahrhundert beschrieb Theodor Fontane die Schönheit dieser Landschaft. Tatsächlich ist der Spreewald eine Niederungslandschaft, wie sie in Mitteleuropa einmalig ist.

Bei dem Städtchen Burg beginnt der Oberspreewald. In diesem Teil des Urstromtales bis Lübben verwildert die Spree und die ihr zufließende Malxe in zahllose Fließe, die der Angler befischen darf.

Ein Erlebnis der besonderen Art ist es, sich mit einem Kahn durch den Spreewald staken zu lassen. Der Naturfreund wird über die Fauna und Flora in diesem wasserreichen Gebiet erstaunt sein. Natürlich kommen auch Essen und Trinken nicht zu kurz. Spezialitäten der Region sind die Pellkartoffeln mit Quark und Leinöl, die Spreewälder Fischgerichte und vor allem die in ganz Deutschland bekannten Spreewälder Gurken.

Hecht in Spreewälder Sauce

Zubereitung:

Den Hecht in Stücke schneiden, pfeffern, salzen und eine Stunde kühl stellen. Danach die Stücke in einem Kochtopf mit kaltem Wasser übergießen, bis sie vollständig bedeckt sind. Nun kocht man das Wasser. In der Zwischenzeit die Zwiebeln in Ringe, die Petersilienwurzeln und die Mohr-rüben in kleine Streifen

schneiden. Wenn das Wasser mit den Hechtstücken zu kochen beginnt, schöpft man den Schaum mit einer Kelle ab, gibt die Zwiebeln, Petersilienwurzeln, Mohrrüben und die Lorbeerblätter dazu. Bei schwacher Hitze noch 15 Minuten ziehen lassen. Die Hechtstücke auf einer vorgewärmten Platte anrichten und den Dill darüber streuen.

Spreewälder Sauce:

Das Eigelb wird in einer Schüssel mit dem Zucker und dem Öl schaumig gerührt. In diese Masse gibt man den geriebenen Meerrettich und verrührt alles sorgfältig. Mit dem Zitronensaft und etwas Salz abschmecken. Die Sauce wird getrennt zum Hecht serviert.
Beilage: Salzkartoffeln

Zutaten:	
(für 4 Personen)	
1	**Hecht**
	Pfeffer und Salz
2	**Zwiebeln**
2	**Petersilienwurzeln**
2	**Mohrrüben**
2	**Lorbeerblätter**
je 1	**Bund Petersilie, Dill**
Spreewälder Sauce:	
6	**Eigelb**
2 El	**Zucker**
2 El	**Sonnenblumenöl**
350 g	**geriebener**
	Meerrettich
	Zitronensaft
	Salz

Empfehlung:
dazu ein kühles Bier

Gewässerinformationen

1

Biesener See

Fischvorkommen:
Aal, Hecht, Zander, Barsch, Karpfen, Schleien, Waller, Aalquappen, Forellen, Weißfische.
Ausgabestelle:
Berufsfischer Paul Kowalski, Am See 7, 15913 Groß Leuthen.
Fangbestimmungen:
3 Edelfische pro Angeltag, Bootsangeln erlaubt.
Angeltipp:
Kapitale Barsche sind in diesem schönen See, auch Aal und Hecht haben gute Bestände.

2

Spreewald Bereich Lübbenau-Calau

Fischvorkommen:
Aal, Hecht, Zander, Barsch, Karpfen, Schleien, Waller, Aalquappen, Forellen, Weißfische.
Fangbestimmungen: 3 Edelfische pro Angeltag
Angeltipp:
In den Fließen dominieren die Raubfische.
Gute Fangaussichten auf Zander hat man hinter den Wehren bei kiesigem Untergrund.

3

Spree

Fischvorkommen:
Aal, Hecht, Zander, Barsch, Wels/Waller, Schleien, Karpfen, Döbel, Brassen.
Ausgabestelle:
Landesangelverband Sächsischer Angler e.V., AV „Elbflorenz" Dresden e.V.,Rennersdorfer Str. 1, 01157 Dresden.
Fangbestimmungen: 3 Edelfische pro Angeltag
Angeltipp:
Die Spree ist hier ein sehr fischreiches Gewässer, auf Fischfetzen und Tauwurm werden sehr gute Aalfänge gemeldet.

4

Gewässer Schwarzwasser

Fischvorkommen:
Aal, Hecht, Barsch, Schleien, Aalquappen, Karpfen, Weißfische.
Ausgabestelle:
Landesangelverband Sächsischer Angler e.V., AV „Elbflorenz" Dresden e.V., Rennersdorfer Str. 1, 01157 Dresden.
Fangbestimmungen: 3 Edelfische pro Angeltag
Angeltipp: Die Schwarzwasser ist ein gutes Mischgewässer.

5

Scharmützelsee

Fischvorkommen:
Aal, Hecht, Zander, Barsch, Karpfen, Graskarpfen,Schleien, Wels/Waller, Aalquappen, Weißfische.
Fangbestimmungen:
1 Stunde vor Sonnenaufgang bis 1 Stunde nach Sonnenuntergang. 3 Edelfische pro Angeltag. Nachtangeln auf Anfrage. Bootsangeln erlaubt, Boote kann man überall mieten.
Angeltipp: Guter Karpfenbestand die man hier vorwiegend mit Kartoffeln in den krautigen Flachwasserbereichen und an den Schilfgürteln fängt.

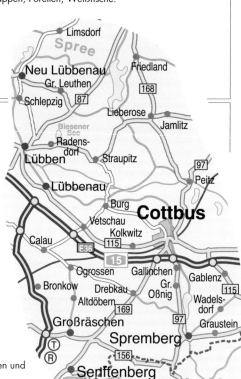

Touristische Informationen

Spreewaldfest

Mitten in der romantischen Wasserlandschaft des Spreewaldes liegt die Stadt Lübben. Hier findet jährlich am 3. September-Wochenende von Freitag bis Sonntag das traditionelle Spreewaldfest statt.

Neben dem Heimatfest mit Volkstanz- und Heimat-Kunstdarbietungen, dem Jägerfest, den Festen der Fischer und Angler (Angeln um den Spreewaldpokal) und dem Handwerkermarkt, ist der optische Höhepunkt des Festes sicher der Kahnkorso zum Abschluss am Sonntag.

Anfahrt: von Berlin A 13 bis Freiwald, dort auf die B 115 bis Lübben
Info: Fremdenverkehrsverband Lübben e.V., Lindenstr. 14, 15907 Lübben.

Osterreiten in der Lausitz

Osterreiten in der Lausitz

Jährlich am Ostersonntag erlebt man in Bautzen dieses Sorbische Fest nach altem Brauchtum. Der bekannte Ostereiermarkt mit kunstvoll bemalten Ostereiern und sorbischen Osterbräuchen ist einmalig in Deutschland. Die Hauptattraktion des Festes ist die Prozession mit festlich geschmückten Pferden.
Anfahrt: von Dresden auf der A 4 bis Abfahrt Bautzen
Info: Fremdenverkehrsverband Oberlausitz/Niederschlesien, Taucherstr. 39, 02625 Bautzen.

Tierpark Cottbus

Durch seine Lage in den Auenwäldern der Spree hat der Zoo bis heute seinen Charakter eines Landschaftsparks bewahrt. Der Zoo beherbergt 170 Arten mit über 1000 Tieren, und selbst bei den Wasseranlagen hat man die Spree mit einbezogen.
Öffnungszeiten: im Sommer 8.00 bis 17.30 Uhr, im Winter 9,00 bis 15.30 Uhr
Anfahrt: auf der A 15 bis zur Abfahrt Cottbus-Süd, dann Richtung Stadtzentrum.

Tiergarten Hoyerswerda

Der heutige Tiergarten entstand Mitte der 50er Jahre als kleines Tiergehege am Schloss. Heute sind über 200 Arten und 1000 Tiere auf 5,5 Hektar zu bestaunen. Besonders der Streichelzoo hat es den Kleinen angetan.
Öffnungszeiten: Ganzjährig von 9.00 bis 16.00 Uhr geöffnet, Mai bis September 8.30 bis 18.30 Uhr
Info: Zoo Hoyerswerda, Burgplatz 5, 02977 Hoyerswerda.

Saurierpark-Urzoo Kleinwelka

Eine sagenhafte Erlebniswelt bietet dieser Park, der nach wissenschaftlichen Vorlagen Dinosaurier in Lebensgröße darstellt. Außerdem findet der Besucher in der Nähe noch den größten Irrgarten Deutschlands, ein Spaß für Groß und Klein.
Info: Saurierpark - Urzoo, 02627 Kleinwelka.
Öffnungszeiten: Sommer 8.00 bis 18.00 Uhr, November bis Februar 9.00 bis 15.00 Uhr
Anfahrt: A 4 bis Bautzen-West, dann auf die B 96 bis Kleinwelka

Sehenswertes in der Region:

Ein Besuch, der sich lohnt, ist das Spreewald-Museum in Lübbenau-Lehde. In den altwendischen Hofanlagen wird dem Besucher die Kulturgeschichte der Region gegenwärtig. Hier wird die Handwerkskunst, Wohn- und Lebensweise auf eindrucksvolle Weise übermittelt.
Von Burg im Spreewald kann man während einer zweistündigen Kahnfahrt die Faszination dieser Wasserlandschaft entdecken.
Von besonderem Interesse dürfte für den Angler mit seiner Familie ein Ausflug zum Teichgut Peitz sein.
Schon ab 1165 wurden hier die bekannten Peitzer Karpfen in ablassbaren Teichen von Mönchen gezüchtet. Heute kann man hier viele Süßwasserfische küchenfertig geräuchert mitnehmen.
In Cottbus sollte man das Schloss Branitz besichtigen. Es beherbergt das Fürst-Pückler-Museum. Fährt man nach Weisswasser in den dortigen Tierpark, entdeckt man etwa 200 Tiere, vom Grizzlybären und Timberwölfen bis zur Haus- und Zwergziege.
In der Niederlausitz in Senftenberg am gleichnamigen See erlebt man Ruhe und Erholung pur. Angeln, Wander- und Radtouren und der lange Badestrand sind für Familienferien wie geschaffen.

Erzgebirge

Im Märchenwald Deutschlands

**Tipp: Die Flöha - ein
Topp Salmonidengewässer.**

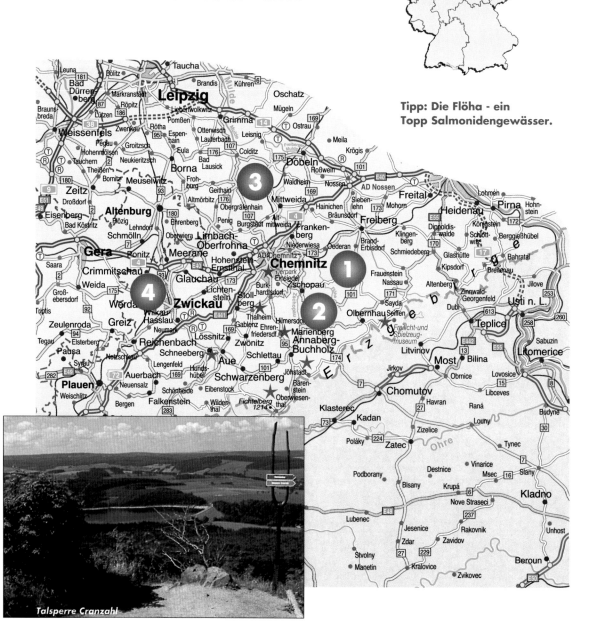

Talsperre Cranzahl

Vor den Toren von Dresden und Chemnitz, an der jahrhundertalten historischen Grenze zwischen Sachsen und Böhmen (Tschechien), liegt das etwa 130 km lange und 40 km breite Erzgebirge.

Für den Angler ist dieses Gebiet vor allem wegen seiner glasklaren Forellenbäche und der besonders schönen Trinkwassertalsperren attraktiv. Gewässer wie die Freiberger- und die Zwickauer Mulde, die Flöha, die Talsperren der Flöha, die Eibenstock-Talsperre, um nur einige zu nennen, machen dieses Gebiet zum Angelparadies.

Das Erzgebirge bietet mit seiner traumhaften Schönheit dem erholungssuchenden Touristen eine Vielzahl von lohnenden Reisezielen, anziehende Naherholungsgebiete und Ferienzentren. Zu den bekanntesten gehören ohne Zweifel Oberwiesenthal mit dem Fichtelberg und das bekannte Kneippkurbad Gottleuba. Der höchste Berg des Erzgebirges ist der in Böhmen (Tschechien) gelegene Klinovec mit 1244 Metern.

Das Erzgebirge zählt zu den schönsten deutschen Mittelgebirgslandschaften, wo sich romantische Ritterburgen mit lieblichen Tälern und tiefen, dunklen Wäldern abwechseln. Die beste und schönste Art, das westliche Erzgebirge zu erkunden, ist eine Fahrt über die Sächsische Silberstraße auf den Spuren der damaligen Bergleute. Es sollte aber auch erwähnt werden, dass es im Winter heißt „Ski und Rodeln gut", und wenn es Weihnachten wird, zeigt sich das Erzgebirge von seiner märchenhaften Seite.

Äsche mit Grilltomaten

Zubereitung:
Die küchenfertigen Äschen werden gewaschen und trockengetupft. Dann salzen, von innen leicht pfeffern und mit Zitronensaft beträufeln. Die Äschen mit Mehl bestäuben und in der Butter von beiden Seiten ca. 8 Minuten goldbraun braten.
1/3 der Tomaten abschneiden, mit Öl bestreichen, salzen, mit Pfeffer und Knoblauch bestreuen.
Im vorgeheizten Grill 3 Minuten garen, mit Petersilie anrichten.
Beilage: Kartoffelsalat

Zutaten:

(für 4 Personen)

4	Äschen
2 El	Zitronensaft
60 g	Mehl
60 g	Butter
8	kleine Tomaten
	Salz
	weißer Pfeffer
	Petersilie
	Sonnenblumenöl
	Knoblauchpulver

Empfehlung:
dazu ein halbtrockener
1997-er Riesling
Kiedricher Sandgrub

Gewässerinformationen

1 Flöha

Fischvorkommen:
Bach- und Regenbogenforellen, Äschen.
Ausgabestelle:
Anglerverband Südsachsen Mulde/Elster e.V., Augsburger Str. 38,
09126 Chemnitz.
Fangbestimmungen:
5 Salmoniden am Tag, dabei dürfen aber nur
2 Bachforellen und 2 Äschen enthalten sein.
Zusätzlicher Salmoniden Erlaubnisschein erforderlich. Vom
01.01. bis 31. 03. Angelverbot.
Angeltipp:
Die Flöha ist ein Top-Salmonidengewässer.

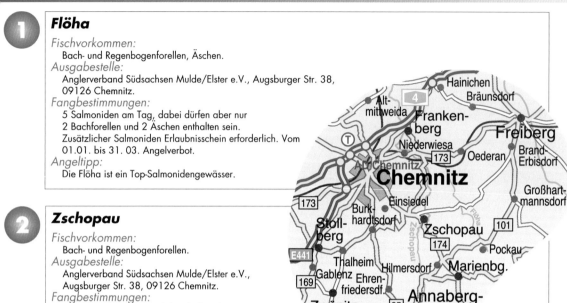

2 Zschopau

Fischvorkommen:
Bach- und Regenbogenforellen.
Ausgabestelle:
Anglerverband Südsachsen Mulde/Elster e.V.,
Augsburger Str. 38, 09126 Chemnitz.
Fangbestimmungen:
5 Salmoniden am Tag, dabei dürfen aber nur 2
Bachforellen und 2 Äschen enthalten sein.
Zusätzlicher Salmoniden Erlaubnisschein erforderlich.
Angeltipp:
Die Zschopau ist ein reines Flugangelgewässer.

3 Freiberger Mulde

Fischvorkommen:
Bach- und Regenbogenforellen.
Ausgabestelle:
Anglerverband Südsachsen Mulde/Elster e.V., Augsburger Str. 38,
09126 Chemnitz.
Fangbestimmungen:
5 Salmoniden am Tag, dabei dürfen aber nur 2 Bachforellen und
2 Äschen enthalten sein. Zusätzlicher Salmoniden Erlaubnisschein
erforderlich.
Angeltipp:
Hier werden vor allem Bachforellen mit der Trockenfliege gefangen.

4 Zwickauer Mulde

Fischvorkommen:
Aal. Hecht, Barsch, Karpfen, Schleien, Aalquappe, Weißfische..
Ausgabestelle:
Anglerverband Südsachsen Mulde/Elster e.V., Augsburger Str. 38,
09126 Chemnitz.
Fangbestimmungen:
3 Edelfische pro Angeltag, Nachtangeln erlaubt.
Angeltipp:
Ein guter Bestand von Karpfen und Hecht zeichnet dieses Gewässer aus.

Touristische Informationen

Blick vom Turm auf dem Berg Bärenstein

Freilicht- und Spielzeugmuseum

Im Kurort Seiffen liegen diese zwei Museen, die Geschichte und Kultur im Erzgebirge dokumentieren. Im Freilichtmuseum ist ein typisches Erzgebirgsdorf wiedererstanden. In beiden Museen ist das zentrale Thema die Holzverarbeitung.

Das Museumsangebot auf einen Blick: Im Freilichtmuseum sind 11 original erhaltene Gebäude des Erzgebirges mit detailgetreuen Einrichtungen zu sehen. Sie erleben dort Handwerkertage mit den berühmten Reifendrehern.

Im Spielzeugmuseum findet man die Werkstätten, in denen das bekannte Seiffener Spielzeug hergestellt wird. Es gibt eine Museumsführung und Weihnachts-Sonderschauen, bei denen die bekannten Nussknacker der Werkstatt Füchtner vorgestellt werden.

Öffnungszeiten: Spielzeugmuseum täglich 9.00 bis 17.00 Uhr, im Freilichtmuseum ist die Öffnung in den Monaten Oktober bis April witterungsabhängig.

Info: Erzgebirgisches Spielzeugmuseum, Hauptstr. 73, 09548 Seiffen.

Anfahrt: Von Chemnitz über die B 174 bis Marienberg, dort auf die B 171 bis Obernhau nach Seiffen.

Tierpark Chemnitz

Die Attraktionen dieses schön gelegenen Zoos sind seltene sibirische und zentralasiatische Tierarten. Natürlich fanden auch andere Tiere aus verschiedenen Kontinenten hier ihr neues Zuhause. Auf dem 8,5 Hektar großen Gelände sind ca. 1200 Tiere von 170 Arten zu besichtigen. Für Kinder ist das Streichelgehege mit zahmen Bergziegen und Kamerun-Schafen sowie das Ponyreiten besonders attraktiv. Wenn man vom Tierpark einen Spaziergang zum Rabensteiner Wald macht, kann man dort im Wildgehege heimische Waldtiere wie Wildschweine, Rehe und Hirsche, beobachten.

Öffnungszeiten: April bis September 9.00 bis 19.00 Uhr, Oktober und März 9.00 bis 17.00 Uhr, November bis Februar 9.00 bis 16.00 Uhr.

Info: Tierpark Chemnitz, Nevoigtstr. 14a, 09117 Chemnitz.

Anfahrt: Von der Ausfahrt der A 72 Chemnitz-Süd oder Rabenstein den Schildern zum Tierpark folgen.

Sehenswertes in der Region:

In Schneeberg im Ortsteil Neustädtel beginnt eine ungewöhnliche Wanderung zu 23 Silberfundgruben, die teilweise zu besichtigen sind. Dieser Bergbaulehrpfad führt zu Hütten und Stollen. Ein Besuch im Museum für bergmännische Volkskunst in Schneeberg rundet das Bild dieser alten Tradition ab. Das Museum zeigt Weihnachtspyramiden, Figuren, Hängelampen und vieles mehr.

Die Sommerrodelbahn in Oberwiesenthal erreicht man über eine Seilbahn in ca. 10 Minuten und dann beginnt - auch für Kinder - eine gefahrlose, schwungvolle „Fahrt" über 1000 Meter durch die reizvolle Landschaft.

Am Marktplatz in Oberwiesenthal steht die farbenfrohe Postmeilensäule, und am Fichtelberg kann man die Große Fichtelbergschanze besichtigen.

Ein echter Geheimtipp ist die Peßnitztalbahn in Jöhstadt-Steinbach. Mit den drei traditionsreichen kleinen Dampflokomotiven fährt man die 6,5 km lange Strecke gemütlich bei Kaffee und Kuchen durch die engen Täler des Erzgebirges.

Die Greifensteine sind von 7 bis 40 Meter hohe Granitfelsen inmitten eines großen Waldgebietes. Gipfelstürmer erproben hier ihr Können. Das von diesen Felsen eingerahmte Naturtheater bietet im Sommer die gut besuchte Aufführung des Eduard-von-Winterstein-Theaters Annaberg. Das über die Landesgrenzen hinaus berühmte Trucker- und Country-Festival findet hier statt. Am nahe gelegenen Greifenbachstauweiher vereinen sich Camper, Bootsfahrer und sonstige Wasserratten.

Im Erzgebirgsbad in Thalheim und in der Aqua-Marien in Marienburg finden die Besucher zwei herrliche Freizeitbäder in der romantischen Erzgebirgslandschaft.

Im Freizeitpark „Land und Leute" in Wehren erlebt der Besucher viele Tiere aus der heimischen Region, die nur darauf warten, gestreichelt zu werden.

Ausflüge auf die böhmische Seite des Erzgebirges sind lohnenswert. Weltbekannte Kurbäder wie Karlsbad und Marienbad sind nur wenige Kilometer entfernt. Nach umfangreichen Restaurationen erstrahlen diese Städte im neuen Glanz.

Elbsandstein-gebirge

In der Sächsischen Schweiz

Tipp: Guter Karpfen-bestand in der Elbe.

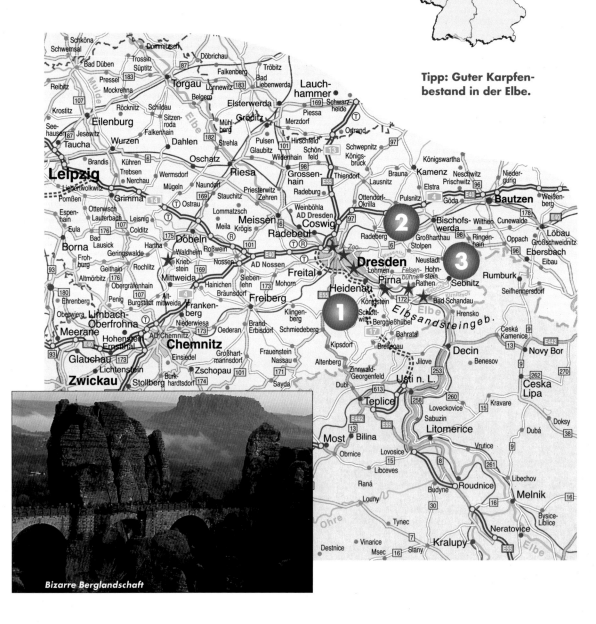

Bizarre Berglandschaft

Das Elbsandsteingebirge südöstlich von Dresden bis zur Grenze nach Tschechien ist mit seinen grandiosen Felsformationen, alpin anmutenden Bachschluchten und dem gewundenen Canon der Elbe eine einzigartige Landschaft.

In diesem landschaftlich schönen Gebiet wird der Angler außer der fischreichen Elbe schöne Zuflüsse finden. Im Norden die Wesenitz bei Lohmen, im Süden die Kirnitzsch bei Schandau.

Zu den Highlights des Elbsandsteingebirges zählen die Bastei und die Festung Königstein mit einem überwältigenden Blick auf das Elbtal. Beiderseits des wildromantischen Bachtals der Kirnitzsch gibt es senkrechte Wände und Schluchten, die kaum einen Sonnenstrahl einlassen.
Zu empfehlen sind auch romantische Kahnfahrten durch die sagenumwobenen Steingebilde der Hinterhermsdorfer Schleuse oder eine Flussfahrt mit einem der Raddampfer in Rathen.

Karpfen mit Meerrettichsauce

Zubereitung:
Nachdem man die Fischstücke gewaschen, gepfeffert und gesalzen hat, werden sie in einem Steinguttopf für eine Stunde kühl gestellt. Anschließend gibt man die Karpfenstücke in einen Kochtopf, übergießt sie mit kaltem Wasser, bis sie vollständig bedeckt sind, und bringt das Wasser zum Kochen. In der Zwischenzeit schält man die Zwiebeln und schneidet sie in dünne Ringe. Die Petersilienwurzeln und die Mohrrüben werden geputzt und in kleine Streifen geschnitten. Wenn das Wasser mit den Karpfenstücken zu kochen beginnt, schöpft man den Schaum ab, gibt das Gemüse mit den Lorbeerblättern dazu und lässt bei schwacher Hitze alles ca. 15 Minuten gar ziehen.
Zum Schluss weden die Karpfenstücke mit dem fein geschnittenen Dill und der Petersilie bestreut.

Meerrettichsauce:
Das Eigelb mit dem Öl und der Prise Zucker schaumig rühren, dann den Meerrettich unter die Masse heben und alles sorgfältig verrühren. Mit Essig und Salz zum Schluss noch abschmecken. Die Sauce wird getrennt zum Karpfen serviert.
Beilage: Salzkartoffeln und Butter.

Zutaten:	
(für 4 Personen)	
1,5 kg	Karpfen in 4 Teile
2	Zwiebeln
2	Petersilienwurzeln
2	Mohrrüben
2	Lorbeerblätter
1	Bund Petersilie
1	Bund Dill
	Salz und Pfeffer
Meerrettichsauce:	
6	Eigelb
350 g	gerieb. Meerrettich
2 El	Pflanzenöl
1	Prise Zucker
	Essig und Salz

Empfehlung:
dazu einen trockenen
Müller Thurgau
aus Baden

Gewässerinformationen

1 Elbe (Los I 40 km)

Fischvorkommen:
Aal, Hecht, Barsch, Schleien, Karpfen, Graskarpfen, Weißfische.
Ausgabestelle:
Landesanglerverband Sächsischer Angler e.V., AV „Elbflorenz" Dresden e.V., Rennersdorfer Str. 1,
01157 Dresden.
Fangbestimmungen:
3 Edelfische pro Angeltag, 1 Std. vor Sonnenaufgang
bis 1 Std. nach Sonnenuntergang.
Angeltipp:
Sehr guter Hecht- und Karpfen-bestand und
natürlich viele Weißfischarten.

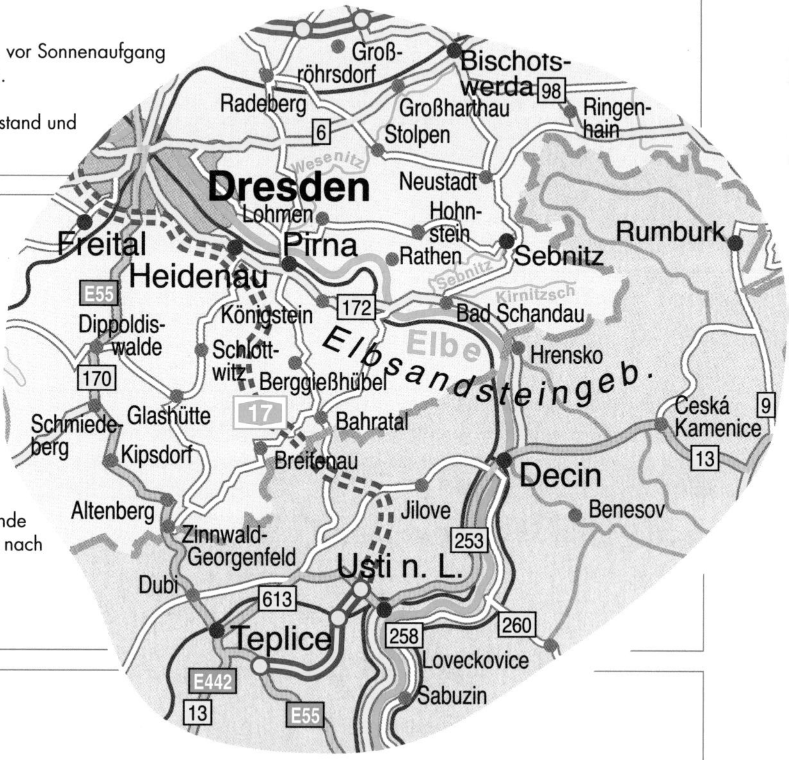

2 Wesenitz

Fischvorkommen:
Aal, Hecht, Barsch, Schleien,
Karpfen, Graskarpfen,
Weißfische.
Ausgabestelle:
Landesanglerverband
Sächsischer Angler e.V.,
AV „Elbflorenz" Dresden e.V.,
Rennersdorfer Str. 1,
01157 Dresden.
Fangbestimmungen:
3 Edelfische pro Angeltag, 1 Stunde
vor Sonnenaufgang bis 1 Stunde nach
Sonnenuntergang.
Angeltipp:
Sehr gutes Hechtgewässer.

3 Sebnitz/Lachsbach

Fischvorkommen:
Bachforellen, Äschen.
Ausgabestelle:
Landesanglerverband Sächsischer Angler e.V., AV „Elbflorenz" Dresden e.V., Rennersdorfer Str. 1,
01157 Dresden.
Fangbestimmungen:
5 Salmoniden am Tag, dabei dürfen aber nur 2 Bachforellen und 2 Äschen enthalten sein.
Zusätzlicher Salmoniden-Erlaubnisschein erforderlich.
Angeltipp:
Dieses Gewässer ist ein Top-Revier für Fliegenfischer.

Weitere Top- Angelreviere:
Rote Weißeritz:
Fischvorkommen: Aal, Hecht, Barsch, Wels/Waller, Karpfen, Schleien, Weißfische.
Rote Müglitz:
Fischvorkommen: Bachforellen
Talsperre Gottleuba:
Fischvorkommen: Bach- und Regenbogenforellen
Bahra:
von Hellendorf bis Einmündung Gottleuba, Fischvorkommen: Bachforellen

Touristische Informationen

Dresden
Zur Stadt

Dresden liegt in einem weiten Talkessel der oberen Elbe. Schmückende Beinamen wie „Venedig des Ostens" und „Elbflorenz" machen die Stadt zum Reiseziel Nummer Eins in Sachsen. Dresden ist eine Stadt der Forschung und Wissenschaft, eine bedeutende Industriestadt und eine Kulturstadt ersten Ranges, mit weltberühmten Bauwerken und Sehenswürdigkeiten.
Die Altstadt am linken Elbufer, die Dresdens Ruf begründet hat, wurde im 2. Weltkrieg nahezu völlig zerstört. 1951 begannen der Wiederaufbau der Innenstadt und die bis heute andauernden Restaurierungsarbeiten.

Klettertour im Elbsandsteingebirge

Sehenswürdigkeiten in Dresden

Das berühmteste Bauwerk ist der Zwinger, ein in der Welt einzigartiges Meisterwerk des höfischen Barocks, von den Künstlern Matthäus Daniel Pöppelmann (1662-1736) als Architekt und Balthasar Permoser (1651-1732) als Bildhauer gestaltet und erbaut. Im Zwinger findet der Besucher zahlreiche Museen mit ungewöhnlichen Sammlungen. Der Glanzpunkt des Zwingers ist der von Pöppelmann geschaffene Wallpavillon mit dem phantastischen Skulpturenschmuck von Permoser.
Am Theaterplatz findet man die Semperoper, ein zweigeschossiger, bogenförmiger Arkadenbau, die Altstädter Wache, das Taschenbergpalais und die Hofkirche.
Direkt an die Hofkirche schließt das ehemalige Residenzschloss an eine der bedeutendsten Renaissancebauten Deutschlands.
Über den Georgenbau kann man auf den 101 Meter hohen Hausmannturm aufsteigen und von der Balustrade einen herrlichen Blick über Dresden und die Elbe genießen.
Weitere Publikumsmagnete sind die Brühlsche Terrasse, die Sächsische Kunstakademie mit ihrer Glaskuppel, die Kasematten, das Albertinum und das Grüne Gewölbe.

Felsenbühne Rathen

Europas schönstes Naturtheater hat in einer umwerfenden Landschaft eine perfekte Naturkulisse. Die Felsenbühne Rathen liegt am Rande der Bastei, dem wohl schönsten und bizarrsten Felsen des Elbsandsteingebirges. Gespielt werden von Mitte Mai bis in den September Klassiker des Sprechtheaters, Karl-Mai-Stücke, Musicals und Kindertheater.
Anfahrt: von Dresden über die B 172 nach Pirna, über die Landstraße bis Stubben. Von dort ist der Weg zur Felsenbühne ausgeschildert. Mit der S-Bahn von Dresden nach Rathen.
Info: Landesbühne Sachsen, 01824 Kurort Rathen.

Zoo Dresden

Auf 13 Hektar findet der Besucher 2700 Tiere von fast 400 Arten. Für die lieben Kleinen sind ein Streichelzoo im Stil eines Bauernhofs und ein Abenteuerspielplatz eingerichtet.
Öffnungszeiten: im Sommer von 8.30 bis 18.30 Uhr, im Winter von 8.30 bis 16.30 Uhr.
Info: Zoo Dresden, Tiergartenstr. 1, 01219 Dresden.

Sächsische Dampfschifffahrt

Von Dresden kann man das Elbsandsteingebirge bis nach Böhmen vom Wasser aus erleben.
Sonderfahrten, wie Jazz- und Dixilandfahrten, Sommernachtsfahrten mit Tanz uvm.

Sehenswertes in der Region:

Schloss Pillnitz, im alten Weindorf Pillnitz, ist mit seinem bezaubernden Park eine sehenswerte Anlage, in der sich ein Kunstgewerbemuseum befindet.
In Kriebstein, hoch über dem Elbtal, thront die Burg Kriebstein, eine der best erhaltenen Burgen des Mittelalters.
Einen Abstecher nach Pirna sollte man in jedem Fall einplanen. Der Marktplatz und die spätgotische Stadtkirche St. Marien sind neben dem Renaissance-Rathaus die schönsten Fotomotive.
Ein wirkliches Naturwunder erlebt man östlich von Bad Schandau: wild zerklüftete Schrammsteine, bis zu 80 Meter hohe und 4 km lange Sandsteinfelsen. Vor allem Kletterer schätzen diese Felsenmauer in der Sächsischen Schweiz als vielseitiges Revier.
In Loschwitz entdeckt man die Elbschlösser Schloss Eckberg, das Lingener Schloss und Schloss Albrechtsberg.

Sauerland und Rothaargebirge

Die Naturparks als Wasserspeicher

Tipp: Kapitale Hechte im Hennesee

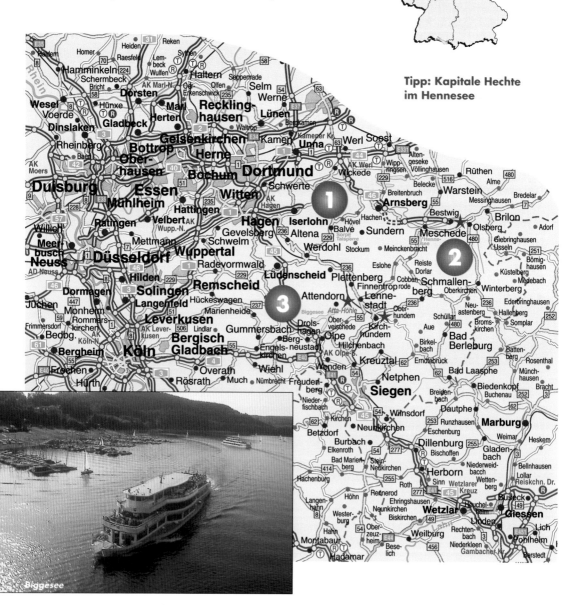

Biggesee

Im südöstlichen Nordrhein-Westfalen und dem angrenzenden Hessen liegen die drei Naturparks Ebbegebirge, Homert und Rothaargebirge. Sie sind ein Eldorado nicht nur für Geologen und Botaniker.

Mit seinen zahlreichen Talsperren, Flüssen und Bächen bietet diese Landschaft dem Angler zahllose Möglichkeiten. Geschätzt werden die großen Talsperren von den Raubfischanglern, die hier immer wieder „rekordverdächtige" Hechte landen.

Zwischen der oberen Ruhr und der Lahn erstreckt sich der Naturpark Rothaargebirge, der mit 1355 Quadratkilometer der größte dieser drei Naturparks ist. Die höchste Erhebung ist der Langenberg (843 m) und der Kahle Asten (841 m).

Der Naturpark Ebbegebirge erhebt sich in der Landschaft um den Biggesee, wohl eine der schönsten zwischen Wuppertal und Siegen.

Im nordwestlichen Sauerland liegt der Naturpark Homert mit dem auffälligen Gebirgsmassiv (648 Meter) des Homertrückens. Die Sorpe- und die Hennetalsperre sind die bekanntesten Gewässer im Naturpark.

Zander in Weinsahne

Zubereitung:

Der gewaschene Zander wird trockengetupft und mit Salz eingerieben, dann mit Mehl bestäubt. In einer großen Pfanne, die auch für den Backofen geeignet ist, erhitzt man die Butter. Der Zander wird darin von beiden Seiten angebraten. Nun setzt man den Fisch auf die Bauchseite und schiebt die Pfanne in den auf 200 Grad vorgeheizten Backofen (Gasherd Stufe 3). Dort lässt man den Zander noch etwa 10 Minuten garen. Anschließend stellt man die Pfanne auf den Herd zurück, gibt dann die klein geschnittenen Zwiebeln dazu und schwitzt sie an. Jetzt beträufelt man den Zander mit dem Zitronensaft, gibt den Wein und die Sahne dazu und bestreut den Zander mit der klein gehackten Petersilie. Der Zander kommt nun noch einmal in den Backofen und wird in kurzen Abständen mit der Sauce übergossen. In ca. 15 Minuten ist der Fisch fertig.
Beilage:
Petersilienkartoffeln und Kopfsalat.

Zutaten:	
(für 4 Personen)	
1	Zander ca. 2kg
150 g	Butter
4	kleine Zwiebeln
1/4 l	Weißwein trocken
1/2 l	süße Sahne
1	Bund Petersilie
	Mehl
	Saft einer Zitrone
	Salz

Empfehlung:
dazu ein trockener 1998-er
Riesling

Gewässerinformationen

1

Sorpe-Talsperre

Fischvorkommen:
Aal, Zander, Barsch, Karpfen, Schleien, Renken, Weißfische.
Fangbestimmungen:
3 Forellen am Tag, restliche Fischarten ohne Beschränkung,
Schleppangeln erlaubt vom 16. 03. bis 30.11. Vom 01. 06. bis
31. 08. darf bis 24.00 Uhr geangelt werden.
Angeltipp:
Vom Ufer wird mit der Posenrute die Renke erfolgreich
beangelt.

2

Hennesee

Fischvorkommen:
Aal, Zander, Hecht, Barsch, Karpfen, Schleien, Äschen, Forellen,
Weißfische.
Fangbestimmungen:
3 Forellen am Tag, restliche Fischarten ohne Beschränkung, Ruderboote erlaubt.
Angeltipp:
Hier gibt es starke Hechte, die mit der Schleppangel erfolgreich an den Haken gehen.

3

Biggesee (Hauptsee)

Fischvorkommen:
Aal, Zander, Hecht, Barsch, Karpfen, Schleien, Seeforellen, Regenbogenforellen, Weißfische.
Fangbestimmungen:
3 Forellen am Tag, restliche Fischarten ohne Beschränkung. Es darf 1 Stunde vor
Sonnenaufgang bis 1 Stunde nach Sonnenuntergang geangelt werden.
Angeltipp:
Guter Zandebestand, die in den Seitenarmen den toten Köderfisch
ca. 1/2 Meter über dem Grund nehmen.

Biggesee (Vorbecken)

Fischvorkommen:
Aal, Zander, Hecht, Barsch, Karpfen, Schleien, Seeforellen,
Regenbogenforellen, Weißfische.
Fangbestimmungen:
3 Forellen am Tag, restliche Fischarten ohne Beschränkung.
Es darf 1 Stunde vor Sonnenaufgang
bis 1 Stunde nach Sonnenuntergang geangelt werden.
Angeltipp:
Im Bereich Olpe mit Tauwurm oder Fischfetzen auf große Aale.

Listertalsperre

Fischvorkommen:
Aal, Hecht, Zander, Barsch,Wels/Waller,Forellen, Karpfen, Schleien, Weißfische.
Fangbestimmungen:
3 Forellen am Tag, restliche Fischarten ohne Beschränkung. Es darf 1 Stunde vor Sonnenaufgang bis 1 Stunde nach
Sonnenuntergang geangelt werden.
Angeltipp:
Es werden teilweise kapitale Seeforellen gefangen.
Bootsverleih auf Anfrage.

Touristische Informationen

Flugangler in Aktion

Elspe-Festival

Der Showpark im Sauerland mit verschiedenen Live-Shows, sowie Karl-May-Festspiele auf Europas größter Freilichtbühne mit mehr als 100 Schauspielern, Stuntmen und Cascadeuren sowie über 50 Pferden.

An allen Tagen der Karl-May-Festspiele gibt es eine Street Party mit Countrymusik, Magier, Gaukler, Pantomimen, Musik-, Wasserspringer- und Trickskifahrershows.

Öffnungszeiten: Von Anfang Juni bis Anfang September, ab 10.00 Uhr
Anfahrt: Sauerlandlinie A 45, Abfahrt Olpe (Nr. 17) an der B 55 zwischen Olpe und Meschede.

Fort Fun Abenteuerland

Dem Fort Fun verdankt die Freizeitbranche eine besondere Attraktion: eine Sommerrodelbahn von ca. 900 Metern Länge.

Auf der Western-Eisenbahn, dem Santa Fé-Express, kommt es auf der über 2 km langen Strecke immer wieder zu Überfällen durch Banditen, sehr zum Spaß der „Reisenden". Ein 46 Meter hohes Riesenrad gibt dem Besucher einen Rundblick über den Park. Von dort sieht man die Stromschnellenfahrt „Rio Grande", die Wildwasserbahn „Wild River" mit Höhlendurchfahrt.

In der neuen „Devil's Mine" fährt man über 170 Meter durch ein Bergwerkslabyrinth und muss einiges an spaßigen Schikanen und gruseligen Strapazen ertragen.

Weitere Attraktionen sind die Westernstadt mit Saloon, dort gibt es Bohnen mit Speck oder Steaks, US-Kavalleriefort, Indianerlager, Goldwaschanlage, Sessellift, zwei Superrutschbahnen je 800 Meter lang, Pferdereiten, Live-Musik und vieles mehr.

Öffnungszeiten: 28. März bis Mitte Oktober, täglich ab 10.00 Uhr
Info: Fort Fun Abenteuerland, 59909 Bestwig.
Anfahrt: A 46 Abfahrt Bestwig (Nr. 56) ist ausgeschildert.

Panorama-Park Sauerland

In der stimmungsvollen Mittelgebirgslandschaft des Sauerlandes findet man den großflächig angelegten Wild- und Freizeitpark mit viel Fahrspaß, Greifvogel-Freiflug-Vorführungen, Waldtheater und auch Übernachtungsmöglichkeiten.

Rollerbobbahn 1200 Meter lang, Berg- und Talbahn, Panorama-Lift, Wasserbob, Parkbahn, Transmobilbahn, zwei Rutschbahnen je 1000 Meter, Wildexpress, Riesenrad, Labyrinth, Achterbahn, Kart-Bahn, Bumber-Spaßboot, Oldtimerbahn und vieles mehr!

Öffnungszeiten: Von April bis Oktober täglich ab 10.00 Uhr. Der Wildpark ist außerhalb der Saison von 11.00 bis 16.00 Uhr täglich geöffnet.
Info: Panorama-Park-Sauerland, 57399 Kirchhundem-Oberhundem/Kreis Olpe.
Anfahrt: Sauerlandlinie A 45 bis Olpe (Nr. 18), auf der B 55 bis Lennestadt, von dort ausgeschildert.

Sehenswertes in der Region:

Die Atta-Höhle in Attendorn ist eine der schönsten Tropfsteinhöhlen in Deutschland. Der 45-minütige Rundgang führt von einer Tropfsteinhalle zur nächsten. Die 5 Meter hohe Gardine ist ein Wunderwerk der Natur.

Der Biggesee ist Westfalens größte Talsperre, mit 170 Millionen m^3 ist sie der Trinkwasserlieferant des Ruhrgebiets.

Mitten im Naturpark Rothaargebirge liegt 8 km südöstlich von Kirchhundem der Rhein-Weser-Turm. Dieser Aussichtsturm mit Turmgaststätte bietet einen traumhaften Ausblick und ist ganzjährig geöffnet.

Einen traumhaften Ausblick über Attendorn und den Biggesee hat man von der Burg Schnellenberg. Hier im Südosten der Stadt steht diese gut erhaltene Burganlage mit einem kleinen Museum

Der sommerliche Anziehungspunkt für alle Wassersportler ist der 39 Millionen m^3 fassende Hennesee. Hier im Naturpark Homert findet der Besucher an der Talsperre Angel-, Segel-, Surfmöglichkeiten, 2 Badebuchten, Ruder- und Tretbootverleih, Tennisplätze und einen Campingplatz mit Hallenbad.

Mit einer Fläche von 330 Hektar wurde bei Sundorn der Sorpesee eines der beliebtesten Wassersportgebiete in Deutschland. Hier kann der Urlauber jeglichen Wassersport betreiben, Boot fahren ist erlaubt.

Thüringer Wald
Westl. Schiefergebirge

Zwei sagenumwobene Naturparks

Tipp: Nesselbach und
Schmalkalde sind super
Salmonidengewässer.

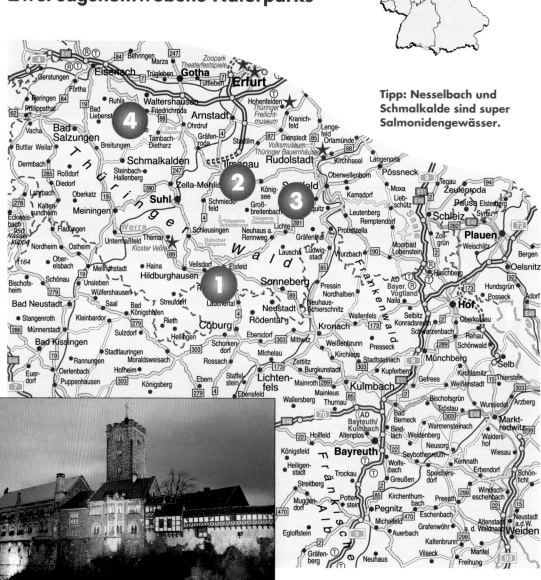

Wartburg

Von Eisenach bis Sonnenberg und von Saalfeld bis Hirschberg erstrecken sich mit einer Fläche von über 3000 km² die beiden Naturparks, Thüringer Wald - Westliches Schiefergebirge und Thüringer Schiefergebirge Obere Saale.

Inmitten von herrlichen Buchen- und Tannenwäldern findet man Talsperren, Seen und Flüsse, die zum Angeln einladen. Die Nessel, Hörse, Ohra, Ilm, Schleuse, Schwarza und Saale bilden die Hauptgewässer.

Berühmte Wanderwege verlaufen über den Hauptkamm des Thüringer Waldes. Wie der Goethewanderweg und natürlich der Rennsteig, ein alter Grenzweg, der heute einer der beliebtesten Fernwanderwege is. Die beiden höchsten Berge sind der große Beerberg mit 982 Metern und der Schneekopf mit 978 Metern. Führungen, Exkursionen, Vorträge werden im Jahresprogramm der beiden Naturparks angeboten.

Karpfen Thüringer Art

Zubereitung:

Der küchenfertige Karpfen wird von innen gewaschen und so wenig wie möglich an der Hautseite angefasst, damit die Schleimschicht nicht verletzt und der Fisch schön blau wird. In den Topf mit dem kochenden Wasser gibt man 1 Tasse Essig, Pfeffer, 2-3 Wachol-

derbeeren, 1 kleine Zwiebel, Dill, Estragon, 1 Lorbeerblatt und etwas geriebene Orangen- und Zitronen-schale. Den Karpfen nun in dem Sud je nach Größe ca. 25-35 Minuten gar ziehen lassen. Nachdem man den Karpfen aus dem Topf genommen hat, wird er mit Butter bestrichen.

Für die Sauce werden die gewa-schenen und durch ein Sieb passierten Weintrauben mit den geschälten und geraspelten Äpfeln vermischt. Zuletzt den Meer-rettich zugeben und mit Salz und Zucker abschmecken. Als Beilage gibt es Salzkartoffeln und einen frischen Salat mit Joghurtdressing.

Zutaten:
(für 4 Personen)

1	**Karpfen ca. 1,5 kg**
1	**Tasse Essig**
2-3	**Wacholderbeeren**
1	**Lorbeerblatt**
1	**kleine Zwiebel**
	Dill
	Estragon
	Pfeffer

Sauce:

250 g	**Weintrauben**
2	**Äpfel**
4 El	**geriebener Meerrettich**
1 El	**Butter**
	Salz
	Zucker

Empfehlung:
dazu ein halbtrockener Riesling Kabinett 1997-er Erbacher Steinmorgen

Gewässerinformationen

1 **Ratscher Talsperre**

Fischvorkommen:
Hecht, Zander, Barsch, Schleien, Karpfen, Graskarpfen, Weißfische.
Fangbestimmungen:
2 Edelfische pro Angeltag, 1 Stunde vor Sonnenaufgang bis 1 Stunde nach Sonnenuntergang.
Angeltipp:
Entlang der Grenze zum Naturschutzgebiet im Schilfgürtel sehr gute Karpfen- und Schleienfänge.

2 **Talsperre Schönbrunn**

Fischvorkommen:
Aal, Hecht, Zander, Barsch, Bachforelle, Regenbogenforelle, Weißfische.
Fangbestimmungen:
4 Edelfische pro Angeltag, 1 Stunde vor Sonnenaufgang bis 1 Stunde nach Sonnenuntergang.
Angeltipp:
Hier darf man nur mit der Fliegen- oder Spinnrute fischen. Guter Bestand an Barsch und Hecht.

3 **Talsperre Deesbach**

Fischvorkommen:
Aal, Hecht, Zander, Barsch, Bachforelle, Regenbogenforelle, Schleien, Karpfen, Weißfische.
Fangbestimmungen:
4 Edelfische pro Angeltag, 1 Stunde vor Sonnenaufgang bis 1 Stunde nach Sonnenuntergang.
Angeltipp:
Große Bachforellen (50-60 cm) sind hier keine Seltenheit.

4 **Ohra Talsperre**

Fischvorkommen:
Aal, Hecht, Zander, Barsch, Regenbogenforellen, Schleien, Karpfen, Graskarpfen, Weißfische.
Fangbestimmungen:
2 Edelfische pro Angeltag, 1 Stunde vor Sonnenaufgang bis 1 Stunde nach Sonnenuntergang.
Angeltipp:
Guter Hechtbestand.

Weitere Top- Angelreviere:

Stausee Heyda bei Ilmenau. Fischvorkommen: Aal, Hecht, Zander, Graskarpfen, Regenbogenforellen, Karpfen, Schleien, Weißfische. Angeltipp: Guter Hechtbestand.

Stille bei Schmalkalden. Fischvorkommen: Bach- und Regenbogenforellen.

Schmalkalde (vom Wehr bis Mündung in die Werra). Fischvorkommen: Aal, Hecht, Zander, Barsch, Bach- und Regenbogenforellen, Karpfen, Schleien, Weißfische.

Werra von Bad Salzungen bis Wernshausen. Fischvorkommen: Aal, Hecht, Zander, Barsch, Bach- und Regenbogenforellen, Weißfische.

Felda bei Stadtlengsfeld. Fischvorkommen: Bach- und Regenbogenforellen, Äschen, Saibling.
Achtung nur Flugangeln erlaubt.

Touristische Informationen

Werra bei Meiningen

Thüringer Zoopark Erfurt

Im Norden Erfurts, auf dem Roten Berg, liegt dieser wunderschöne Zoo in einem Parkgelände. Über 1100 Tiere von 230 Arten leben hier auf derzeit 15 Hektar. Attraktionen sind die afrikanischen Elefanten und die Nachttierabteilung.
Der schön angelegte Streichelzoo beeindruckt vor allem die Kinder, und für die Erwachsenen gibt es einen Biergarten, Bistros und an Sommerwochenenden Live-Musik.
Öffnungszeiten: April bis September 8.00 bis 18.00 Uhr, Oktober bis März von 9.00 Uhr bis zur Dämmerung
Info: Zoopark Erfurt, Zum Zoopark 8-10, 99087 Erfurt.
Anfahrt: A 4, Abfahrt Erfurt-West nach Erfurt und von dort Richtung Sommerda.

Museum Kloster Veßra

Eine Begegnung mit der Vergangenheit hat man in der alten Klosteranlage im südlichen Vorland des Thüringer Waldes, bei Schleusingen. Zentrum des Museums bildet die aus dem 12. Jahrhundert stammende Klosterkirche St. Marien. Hier findet man umgesetzte Fachwerkhäuser aus dem gesamten Henneberger Land, historische Gartenanlagen und traditionell eingerichtete Handwerksbetriebe.
Öffnungszeiten: April bis September 9.00 bis 18.00 Uhr, Oktober bis März 10.00 bis 17.00 Uhr
Info: Museum Kloster Veßra, 98660 Kloster Veßra.
Anfahrt: B 89 Meiningen, Hildburghausen, Abzweig Schleusingen.

Volkskundemuseum Thüringer Bauernhäuser

Im Heinrich-Heine-Park in Rudolfstadt kann man noch aus dem 16. Jahrhundert das Landleben im Gebiet der Saale bestaunen. Hier finden viele Folkloreveranstaltungen, Museumsfeste und Rudolfstädter Tanzfeste statt.
Öffnungszeiten: täglich, im Januar und Februar geschlossen
Info: Volkskundemuseum Thüringer Bauernhäuser , Große Wiese 2, 07407 Rudolfstadt.
Anfahrt: über die B 88 nach Rudolfstadt

Kapitaler Karpfenfang

Sehenswertes der Region:

Ein riesiges Volksfest erlebt man jedes Jahr in Eisenach. Immer 3 Wochen vor Ostern, am Samstag vor dem Kirchensonntag Laetare. Hier wird der Frühling mit Festumzug, Begleitprogramm und traditioneller Verbrennung der Strohpuppen begrüßt und gefeiert.

In Erfurt bieten die Theaterfestspiele, die im August täglich vor dem großartigen Domplatz statt finden, ein erstklassiges Niveau.

Das Thüringer Freilichtmuseum Hohenfelden liegt in dem Erholungsgebiet in Hohenfelden. Den Besucher des Museums erwarten landwirtschaftliche Sonderaus-stellungen zum Thema Erntetechnik und Schäferei, sowie eine Schusterwerkstatt und das Gemeindebrauhaus.

Taunus und Rheingau

Zwei Naturparks zwischen Rhein und Lahn

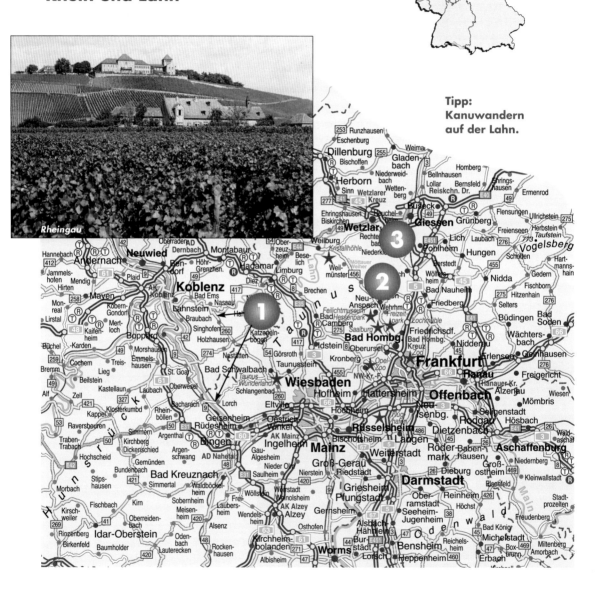

Rheingau

Tipp:
Kanuwandern
auf der Lahn.

Vom Rhein bei Rüdesheim über Bad Homburg vor der Höhe bis hoch nach Wetzlar an der Lahn erstrecken sich diese zwei Naturparks mit einer Fläche von über 2000 km².

Der Wild- und Fischreichtum hat dieses Gebiet schon im frühen Mittelalter weit über die Grenzen von Hessen-Nassau bekannt gemacht. In den unzähligen Bächen und Teichen warten auf den Angler vor allem Bach- und Regenbogenforellen. Im Rhein werden wieder kapitale Zander gefangen.

Weltbekannt sind die heilkräftigen Quellen in den Bäderstädten Wiesbaden, Bad Schwalbach, Schlangenbad, Bad Soden, Bad Homburg, Bad Nauheim, Bad Vilbel, um nur einige zu nennen. Die höchsten Erhebungen im Taunus sind der Große Feldberg (882 Meter) und der Altkönig (798 Meter). Herrliche Wanderwege erschließen hier den Naturpark Hochtaunus.
Im Südwesten zwischen Wiesbaden und Rüdesheim am Rhein, Deutschlands größtem Strom, findet der Erholungsuchende die bekanntesten Weinanbaugebiete.

Taunusforelle in Rieslingsauce

Zubereitung:

Die küchenfertigen Forellen mit Salz gut einreiben und mit warmer Butter bestreichen. Dann legt man sie in eine feuerfeste Form. Die Zwiebeln grob schneiden und mit den Lorbeerblättern zwischen die Fische legen. Mit etwas Wasser und Riesling angießen. Im vorgeheizten Backofen bei 200 Grad ca. 25-30 Min. dünsten. Bei Bedarf etwas Weißwein dazugeben. Für die Sauce den Fischfond auf die Hälfte einkochen. Die fein gehackten Schalotten, die Pfefferkörner und 0,2 l Riesling hinzufügen und noch einmal auf die Hälfte reduzieren, anschließend durch ein Sieb streichen. Nun die Sahne dazugießen und sämig werden lassen, den restlichen Riesling dazugeben. Die kalte Butter in kleine Stücke schneiden und mit einem Schneebesen unter die Sauce heben. Das Ganze zum Schluss mit Salz und Pfeffer abschmecken.
Zu der guten Sauce passen Bandnudeln und ein frischer Salat der Saison.

Zutaten:
(für 4 Personen)

4	Forellen
	à 250-300g
2	Zwiebeln
50 g	Butter
2	Lorbeerblätter
1/8 l	Riesling

Sauce:

1/4 l	Fischfond
1	Schalotte
12	Pfefferkörner
1/4 l	Riesling
200 g	Sahne
50 g	Butter

Empfehlung:
dazu ein trockener Riesling
1998-er Steinberger

Gewässerinformationen

1

Rhein *(rechtsrheinisch)*

Fischvorkommen:
Aal, Hecht, Zander,Barsch, Wels/Waller, Forellen,Wildkarpfen, Schleien, alle Arten von Weißfisch.
Fangbestimmungen:
Nachtangeln ist erlaubt. Sportfischerprüfung ist erforderlich. Keine Fangbeschränkungen.
Angeltipp:
An den Buhnenköpfen und zwischen den Buhnen, gute Zanderfänge.

Lahn

Fischvorkommen:
Aal, Waller, Karpfen, Hecht, Zander, Forellen,
Weißfische.
Fangbestimmungen:
3 Edelfische pro Angeltag
Angeltipp:
In Runkel und Villmar werden kapitale
Karpfen mit Boilie gefangen.

2

Möttauer Weiher

Fischvorkommen:
Karpfen, Schleien, Aal, Zander, Waller,
Hecht, Weißfische.
Fangbestimmungen:
Keine
Angeltipp:
Guter Schleien und Karpfenbestand.

3

Lahnstrecke Wetzlar

Fischvorkommen:
Aal, Waller, Karpfen, Hecht, Zander, Forellen, Weißfische.
Fangbestimmungen:
1 Hecht oder 1 Zander pro Angeltag. Restliche Fischarten ohne Beschränkung.
Angeltipp:
An der Einmündung der Dill stehen gute Forellen.

Touristische Informationen

paziergang am Rhein

Frankfurter Zoo

Im Osten von Frankfurt gelegen, bildet dieser Tierpark mit rund 5000 Tieren in über 600 Arten eine grüne Oase in der Großstadt. Im Grzimek-Haus, dem modernsten Tierhaus im Zoo, sind die nachtaktiven Tiere am Tag munter. Im Exotarium findet der Besucher die natürlichen Lebenswelten von Tieren aus aller Welt. Von gekühlter Polarlandschaft bis zur tropischen Flusslandschaft ist hier alles nahezu authentisch nachgebildet.

Öffnungszeiten: Sommer, täglich Mo. bis Fr. 9.00 bis 19.00 Uhr, Sa., So. und Feiertags 8.00 bis 19.00 Uhr; Winter täglich 9.00 bis 17.00 Uhr
Info: Zoologischer Garten Frankfurt, Alfred-Brehm-Platz 16, 60316 Frankfurt a.M.

Opel Zoo

Vor den Toren Kronbergs findet man diesen weiträumigen Landschaftszoo. Er zählt zu den beliebtesten Ausflugs- und Fremdenverkehrszielen im Taunus. Auf einem Areal von über 200.000 m² leben über 1000 einheimische und exotische Tiere in geräumigen Gehegen.

Die Attraktionen im Opel-Zoo sind die Herde afrikanischer Elefanten, sowie die vom Aussterben bedrohten Mesopotamischen Damhirsche. Streichelzoo mit Bruthaus, große Spielplätze, Kamelreiten, Ponyreiten, Autoscooter, Kinderkarussell, Seilbaum, Naturlehrpfad mit Geo-Haus sowie ein Naturkundemuseum.

Öffnungszeiten: von März bis Oktober 8.30 Uhr bis Sonnenuntergang, Einlass bis 18.00 Uhr, von November bis Februar 9.00 bis 17.00 Uhr, ganzjährig geöffnet.
Info: Georg von Opel-Freigehege für Tierforschung e.V., Königsteiner Str. 35, 61476 Kronberg im Taunus.

Taunus Wunderland

Der kinderfreundliche Freizeit- und Erlebnispark vor den Toren Wiesbadens. Zu den Hauptattraktionen gehören: Große Dino-Show von April bis September, ein Zirkuszelt, Drachen-Achterbahn, Simulator-Raumstation, Super-Mario-Haus, Wildwasser-Skirondell, Geisterschloss, Spukhaus u.v.m.

Öffnungszeiten: April bis September 10.00 bis 18.00 Uhr, sowie an den Oktoberwochenenden und in den hessischen Herbstferien, bei guter Witterung.
Info: Taunus-Wunderland, 65388 Schlangenbad.
Anfahrt: A 66 Wiesbaden-Rüdesheim (Ausfahrt 23) auf die B 260 bis Schlangenbad, dort der Beschilderung folgen.

Freizeitpark Lochmühle

Mitten im Taunus liegt dieser Tier- und Freizeitpark mit vielen Spielgeräten und Fahrgelegenheiten.
Ein besonderer Spaß für Groß und Klein ist die Superrutsche, Floßfahrt und Trampolin-Großanlage (16-teilig). Ein Streichelzoo der seines gleichen sucht, Bruthaus und Allwetterhalle mit Filmvorführungen warten auf den Besucher.

Öffnungszeiten: 9.00 bis 18.00 Uhr (Einlass bis 17.00 Uhr) von Ende März bis Ende Oktober
Info: Freizeitpark Lochmühle GmbH, 61273 Wehrheim/Taunus.
Anfahrt: von Bad Homburg auf der B 456 vorbei an der Saalburg bis kurz vor Wehrheim, dann ausgeschildert.

Sehenswertes der Region:

Etwa 5 km südöstlich von Weilburg beim Stadtteil Kubach liegt die Kubacher Kristallhöhle 53 Meter unter der Erde. Beim Höhlenrundgang durchquert man prachtvolle Hallen mit funkelnden Kristallteppichen.

Tier- und Pflanzenpark Fasanerie in Wiesbaden, mit etwa 140 heimischen Wild- und Haustieren, in großzügigen Freigehegen.

Bei Bad Homburg das Freilichtmuseum Saalburg-Kastell. Detailgetreu rekonstruiert aus der römischen Zeit, findet der Besucher aus umfangreichen Ausgrabungen Waffen und Werkzeuge aus der damaligen Festungsanlage am Limes. Das Museum ist täglich von 8.00 bis 17.00 Uhr geöffnet.

Das Freilichtmuseum Hessenpark in Neu-Anspach zeigt das typische Dorfleben aus 5 Regionen Hessens. Man erlebt Vorführungen alter Handwerkstechniken (Mitmachen erwünscht), viele Ausstellungen und eine Museumsgaststätte.

Ein besonderes Ziel ist eine Besucher-Rundfahrt am Frankfurter Flughafen. Im Bus geht es vorbei an den Start- und Landebahnen, über das Vorfeld, zur Besichtigung der Flughafenfeuerwehr und der Gepäckbeförderanlagen. Fachkundige Führungen geben einen interessanten Einblick in den Flughafenalltag.

Spessart-Unterfranken

An Main und Tauber

Tipp: Toller Aal- und Rapfenbestand im Main.

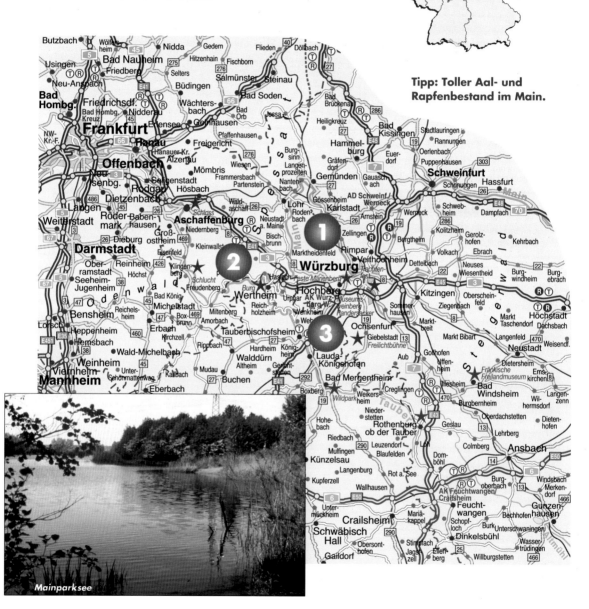

Mainparksee

Zwischen Aschaffenburg im Westen und Würzburg im Osten liegt eines der größten und schönsten Waldgebiete Deutschlands, der Hessisch-Bayerische Spessart.

Der Main durchfließt dieses Gebiet mit seinen zahlreichen Windungen. Hier findet der Angler in den tief eingeschnittenen Fluß- und Bachtälern reichlich Gelegenheit, seinen Sport auszuüben. Zu den bekanntesten dem Main zustreben Flüssen in diesem Gebiet zählen die Tauber, die Sinn und die Fränkische Saale.

Im Südosten des Spessarts steigen die Höhen langsam bis auf 500 Meter an, höher sind der Geiersberg mit 586 Metern oder die Streckenlaubshöhe mit 542 Metern. Eines der beliebtesten Ausflugsziele in dieser Region ist das Wasserschloss Mespelbrunn, die Perle des Naturparks bayerischer Spessart.

Karpfen in Bierpanade

Zubereitung:
*Den Karpfen entschuppen, aus-
nehmen und unter fließendem
Wasser gründlich waschen. Nun
wird er mit einem scharfen Messer
entlang der Rückengräte der Länge
nach halbiert und auf beiden
Seiten mit Salz und Pfeffer gut
eingerieben. Man gibt das Mehl
und das dunkle Bier (ist besonders
aromatisch) in zwei Schalen, legt
die Karpfenhälften kurz hinein und
wendet sie dann im Mehl.
In einer großen Pfanne erhitzt man
nun das Butterschmalz, legt die
Karpfenhälften mit der Innenseite
nach unten ein und lässt sie bei
mittlerer Hitze ungefähr 15 Min.
knusprig ausbacken. Dabei
begießt man sie ab und zu mit
dem Butterschmalz aus der Pfanne.
Die Beilage ist Kartoffelsalat, für
den man 1,5 kg Salatkartoffeln
(Bamberger Hörnchen), eine klein
gehackte Zwiebel, Pfeffer, Salz,
Essig und Öl nimmt. Wer es mag,
kann über den Salat noch etwa
eine Tasse Gemüsebrühe geben.*

Zutaten:
(für 4 Personen)

2	kleine Karpfen
200 g	Butterschmalz
3 EL	Mehl
0,1 l	dunkles Bier
	Pfeffer und Salz

Kartoffelsalat:

1,5 kg	Salatkartoffeln
1	Zwiebel
1	Tasse Gemüsebrühe
	Pfeffer und Salz
	Essig und Öl
	frische Petersilie

Empfehlung:
dazu trinkt man ein
kühles dunkles Bier

Gewässerinformationen

1

Main (von Rodenbach/Neustadt bis Brücke in Nantenbach)

Fischvorkommen:
Aal, Hecht, Zander, Barsch, Waller/Wels, Schleien, Karpfen, Gras- und Marmorkarpfen, Weißfische.
Fangbestimmungen:
1 Stunde vor Sonnenaufgang bis 1 Stunde nach Sonnenuntergang vom 01.05. bis 31.08 bis 1 Uhr auf Aal.
Angeltipp:
Unterhalb der Schleuse Steinbach werden gute Zander mit totem Köderfisch
überlistet.

Fränkische Saale (bei Gmünden)

Fischvorkommen:
Aal, Hecht, Zander, Bachforellen, Äschen, Weißfische.
Fangbestimmungen:
1 Stunde vor Sonnenaufgang bis 1 Stunde nach
Sonnenuntergang , Info über die Fränkische Saale,
Fischerzunft Gemünden am Main.

2

Main
(von Marktheidenfeld/Hafenlohr
bis Neustadt/Rodenbach Ende)

Fischvorkommen:
Aal, Hecht, Zander, Barsch, Waller/Wels, Schleien, Karpfen,
Gras- und Marmorkarpfen, Weißfische.
Fangbestimmungen:
1 Stunde vor Sonnenaufgang bis 1 Stunde nach Sonnenuntergang , vom 01.05. bis 31.08. bis 1 Uhr auf Aal.
Angeltipp:
Guter Aal- und Hechtbestand.

3

Tauber
(von Reichholzheim bis
Wertheim/Mainmündung)

Fischvorkommen:
Aal, Hecht, Zander, Bach- Regenbogenforelle, Äschen, Barben, Karpfen,
Weißfische.
Fangbestimmungen:
Pro Angeltag 5 Salmoniden, 3 Karpfen und 1 Hecht, restliche Fischarten ohne
Beschränkung.1 Stunde vor Sonnenaufgang bis 1 Stunde nach
Sonnenuntergang.
Angeltipp:
Am Campingplatz werden gute Karpfen mit Boilies oder Mais gefangen. Unterhalb der Brücke in
Reicholzheim beachtliche Barben auf Tauwurm.

Touristische Informationen

Miltenberg am Main

Miltenberg
Zur Stadt

Das malerische unterfränkische Städtchen Miltenberg mit seinen noch zum größten Teil erhaltenen schönen Fachwerkgassen, umschlossen von Mauern und Tortürmen, ist ein Kleinod im reizvoll gelegenen Maintal.

Die Miltenburg thront hoch über der Stadt, und von hier hat man einen traumhaften Ausblick über die Stadt und den Main von dem 27 Meter hohen Bergfried.

Das Stadtbild wird durch die stimmungsvollen Fachwerkbauten rund um den Marktplatz geprägt. Im Mittelpunkt steht der Marktbrunnen von 1583. Aus dem 14. Jahrhundert stammt die Pfarrkirche, und in der ehemaligen Amtskellerei befindet sich heute das Städtische Museum.

Info: Tourist-Information, 63897 Miltenberg.

Freilichtbühne in Giebelstadt

Historische Bauernfreiheitsspiele „Florian Geyer".

Vor der historischen Burgruine in Giebelstadt wird von Ende Juni bis Mitte Juli gespielt. Die Freilichtbühne hat 800 Sitzplätze und ist für das Bauernfreiheitsspiel wie geschaffen.

Anfahrt: Giebelstadt liegt 18 km südlich von Würzburg an der B 19, Ausfahrt über A 3 Würzburg-Süd/Heidingsfeld
Adresse: Hugo-v.-Zobel-Straße, 97232 Giebelstadt

Wildpark Bad Mergentheim

Dieser artenreiche Wildpark, oberhalb des Taubertals gelegen, gehört mit seinen 250.000 m² zu den beeindruckendsten Heimattierparks in Süddeutschland. Die täglichen Tierfütterungen, Lehrschauen und das Streichelgehege sind nicht nur für Kinder ein Erlebnis. Attraktionen: ca. 100 einheimische Wildarten, Zuchtanlagen für bedrohte Tierarten, Bären, Damhirschreservate, Spielbauernhof, Waldlehrpfad, Abenteuerspielplätze, Waldspielplatz, Greifvogelanlage uvm.
Öffnungszeiten: 9.00 bis 18.00 Mitte März bis Anfang November
Anfahrt: direkt an der B 290 von Bad Mergentheim Richtung Crailsheim
Info: Wildpark Bad Mergentheim.

Fränkisches Freilandmuseum

Drei verschiedene Dörfer aus Franken, Mittelalter und Technik, Museumsladen sowie historisch nachgebaute Gaststätten.
Anfahrt: A 7 Feuchtwangen AB Kreuz Biebelried bis Anschlussstelle Bad Windsheim, dort über B 470 nach Bad Windsheim
Info: Fränkisches Freilandmuseum, 91438 Bad Windsheim.

Kiliani Volksfest

Wer in der Zeit vom 1. Samstag im Juli 16 Tage lang in der Umgebung von Würzburg ist, sollte unbedingt dieses Trachtenfest in Würzburg besuchen. Am ersten Tag sind die Hauptattraktionen der Trachtenfestumzug und das Feuerwerk, welches es auch am letzten Tag zu bestaunen gilt. Die große Kirmes am Mainufer ist in dieser Zeit täglich geöffnet.

Sehenswertes in der Region:

Die wildromantische Schlucht bei Klingenberg am Main ist eine Attraktion der Natur. Hier hat der Seltenbach in den Buntsandstein des Spessarts eine tiefe Schlucht gefräst. Dieses steile Bachtal, das man auf einem Pfad mit vielen Holzbrücken erwandern kann, endet in dem Rotweinstädtchen.
Von der Burg (12. Jh.) in Wertheim hat man einen schönen Ausblick auf die Stadt an der Mündung der Tauber in den Main.
Die Staatsgalerie im Schloss Johannisburg in Aschaffenburg ist besonders sehenswert. Die Gemäldegalerie birgt im Wesentlichen die Sammlungen des letzten Kurfürsten und Erzbischofs von Mainz.
Die Festung Marienburg thront hoch über der Stadt Würzburg, deren Hauptattraktion das Mainfränkische Museum ist.
Nördlich in Veitshöchheim findet der Besucher das aus dem 17. Jahrhundert stammende Lust- und Sommerschloss der Fürstbischöfe von Würzburg, an welchem ein zauberhafter Rokokogarten angelegt ist.
Der Museumsweinberg Randersacker südlich von Würzburg lohnt einen Besuch. Hier sollte man das Haus der trockenen Weine besichtigen, und natürlich kann man auch einen guten Tropfen kosten.
Ein Schiffsausflug auf dem Main ab Miltenberg ist einer der Geheimtipps der Region.
In Amorbach, rund 8 km von Miltenberg entfernt, steht am Nordrand der Stadt die zweitürmige Pfarrkirche, ein 1752 - 1754 errichteter Bau aus Buntsandstein, mit einer schönen Rokoko-Ausstattung. Im Westen der Stadt liegt das Schloss der Fürsten zu Leiningen aus dem 18. - 19. Jahrhundert.

Hunsrück-Eifel

An den Maaren und der Mosel

Tipp: Angeln in der fischreichen Mosel.

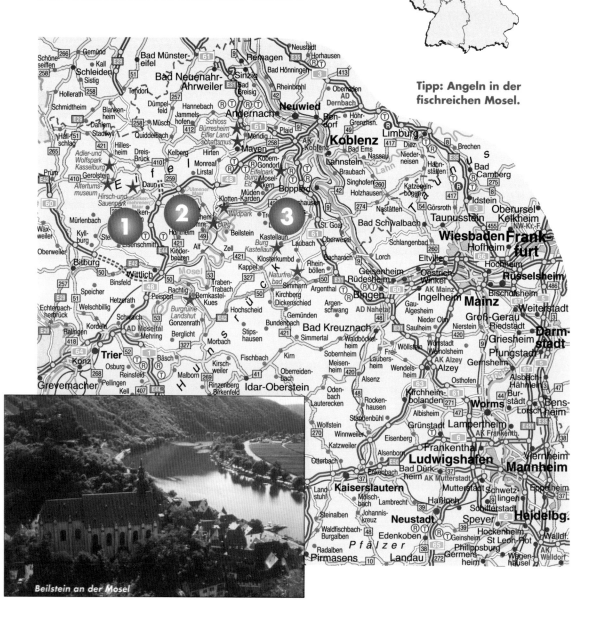

Beilstein an der Mosel

Im Norden liegt die waldreiche Eifel, im Süden der Hunsrück, wo einst der Schinderhannes sein Unwesen trieb. Dazwischen windet sich die Mosel in unzähligen Schleifen entlang der herrlichen Weinberge dem Rhein bei Koblenz zu.

„Petrijünger" sind hier mit ihren Familien bestens aufgehoben. In den klaren Flüssen und Bächen in der Eifel, wie Enz, Prüm, Lieser, Salm und Kyll, tummeln sich die Forellen und Äschen. In den tiefen Seen und Teichen im Hunsrück gibt es rekordverdächtige Karpfen. Hier hat man auch die fischreiche Mosel vor der Haustür, die für ihre Artenvielfalt bekannt ist. Unmittelbar unterhalb der Mosel-Staustufen sind Fischschonbezirke eingerichtet. Dort ist jede Art des Fischfangs untersagt.

Der Südwesten der Eifel ist der vulkanische Teil mit den berühmten Maaren und dem Laacher See. Die Nürburgring-Rennen ziehen seit Jahrzehnten Zigtausende von Touristen in die Eifel.
Die Mosel gilt als der weinseligste aller deutschen Flüsse. Die Römer nahmen diesen Weg zwischen Hunsrück und Eifel und hinterließen den Wein, die Porta Nigra in Trier und ihre Thermen. Idyllische Täler und riesige Wälder prägen die Landschaft des Hunsrücks. Die höchste Erhebung mit 816 Metern ist der Erbeskopf.

Wallerfilet im Rieslingsud

Zubereitung:
Die Schalotte, den Lauch, die Karotte und den Sellerie in feine Streifen schneiden.
In einer Pfanne erhitzt man die Butter und dünstet die Schalotten glasig. Mit dem Weißwein und Fischfond ablöschen. Man schneidet die Wallerfilets in gleich große Stücke und lässt diese in dem Weißwein-Fischfondsud

ca. 5-6 Minuten garen.
Die Wallerfilets herausnehmen und warm stellen. Den Sud auf ein Drittel der Menge einkochen, die Gemüsestreifen, die Sahne sowie die Crème fraîche dazugeben. Das Ganze soll nun 2-3 Minuten köcheln. Die Sauce wird durch ein Sieb gegossen und wieder auf den Herd gestellt. Die Gemüsestreifen im Sieb stellt man beiseite. Man

rührt etwas Butter in die Sauce und schmeckt diese mit Salz, Pfeffer, Knoblauch und etwas Zitronensaft ab.
Über die Wallerfilets wird nun die Sauce gegossen und mit fein gehackter Petersilie und den Schnittlauchröllchen garniert. Dazu kann man Salzkartoffeln oder Bandnudeln reichen.

Zutaten:
(für 4 Personen)

800 g	Wallerfilet
1	Schalotte
1	Stange Lauch
1	Karotte
100 g	Sellerie
1/4 l	Fischfond
1/8	Riesling
	Pfeffer und Salz
1/2	Knoblauchzehe
0,1	süße Sahne
100 g	Crème fraîche
	Saft einer 1/2
Zitrone	
	Petersilie
	Schnittlauch

Empfehlung:
dazu einen Wachenheimer Mandelgarten Riesling Kabinett halbtrocken

Gewässerinformationen

①

Schalkenmehrener Maar

Fischvorkommen:
Aal, Barsch, Hecht, Karpfen, Schleien, Zander, Weißfische.
Fangbestimmungen:
25 Fische pro Angeltag, davon aber nur 1 Hecht, von Sonnenaufgang
bis 23 Uhr.
Angeltipp:
Im Bereich des Campingplatzes werden gute Barsche
gefangen.

②

Ulmener Maar

Fischvorkommen:
Bach- und Regenbogenforellen, Seeforelle, Aal, Barsch, Hecht,
Zander, Karpfen, Schleien, Weißfische.
Fangbestimmungen:
1 Stunde vor Sonnenaufgang bis 1 Stunde nach Sonnenuntergang, 3 Edelfische pro Angeltag.
Angeltipp:
Hier im Maar findet der Angler einen guten Raubfischbestand vor.

Meerfelder Maar

Fischvorkommen:
Aal, Hecht, Barsch, Bach- und Regenbogenforellen, Karpfen, Schleien, Weißfische.
Fangbestimmungen:
1 Stunde vor Sonnenaufgang bis 1 Stunde nach Sonnenuntergang.
Angeltipp:
Das Meerfelder Maar mit seinen 33 ha ist bis zu 20 Meter tief und an den
steilen Ufern, stehen kapitale Hechte die man mit Wobblern überlistet.

③

Mosel
(Teilbereich Schleuse Müden)

Fischvorkommen:
Aal, Hecht, Zander, Barsch, Wels/Waller, Karpfen, Schleien,
Forellen, Weißfische.
Fangbestimmungen:
Raubfischangeln ist vom 01.02. bis
01.06. verboten, 1 Stunde vor Sonnenaufgang
bis 1 Stunde nach Sonnenuntergang.
Angeltipp:
In den Flachzonen mit Teig auf Großkarpfen
(bis 40 Pfund).

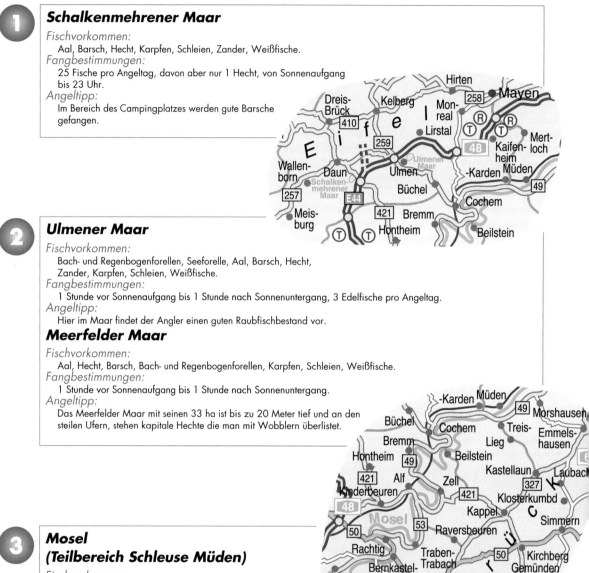

Touristische Informationen

Radfahrer an der Mosel

Eifelpark Gondorf

Der Eifelpark Gondorf wurde 1964 als erstes Wildfreigehege in Deutschland gegründet und ist heute eines der beliebtesten Ausflugsziele der Region. In dem 750.000 m² großen Gelände kann der Besucher zu Fuß oder auch im „Eifel-Express" den gesamten Park erkunden. Heute begegnet der Besucher hier Braunbären inmitten der größten Braunbärenschlucht Deutschlands, verschiedenen Arten von Hochwild, Stein-, Dam- und Muffelwild, Murmeltierkolonien, Wildschweinen sowie Luchsen. Auch ein Bienenhaus kann besichtigt werden.

Unterwegs ist ein Stop an den verschiedenen Freizeit-Attraktionen nahezu unvermeidlich. Die Wellenrutsche, die Superrutschbahn und die Luftschaukel lassen die Kinderherzen höher schlagen. Ältere und Erwachsene begeistern sich für die Familienachterbahn und die Bumberboats.

Schön für die Familie sind auch die Waldbühne mit täglichen Veranstaltungen und das Puppentheater.

Öffnungszeiten: Vom 11. April bis zum 25. Oktober von 9.30 bis 17.00 Uhr

Anfahrt: Von Koblenz über die A 48 bis Dreieck Vulkaneifel auf die A1 bis Abfahrt Wittlich, dort auf die B50 Richtung Bitburg. **Info:** Eifelpark Gondorf, 54647 Gondorf.

Adler- und Wolfspark Kasselburg

Bei Gerolstein am Rande des Deutsch-Belgischen Naturparks findet man die Stauffenburgruine Kasselburg. Hier hat man den Adler- und Wolfspark eingerichtet. Die große Greifvogelanlage, die innerhalb der Burgruine liegt, ist mit ihrer Artenvielfaht weit über die Grenzen der Region bekannt geworden. Mittags um 15.30 Uhr erlebt der Besucher die freie Flugvorführung der mächtigen Greifen. In einem Gehege am Rande der Ruine kann man das größte Wolfsrudel in Westeuropa um ca. 15.00 Uhr bei der Fütterung erleben.

Öffnungszeiten: Täglich von 10.00 bis 17.00 Uhr. Vom 16. November bis 15. März ist der Park geschlossen.

Anfahrt: Von Koblenz auf der A 48, Abfahrt Daun auf die B 421 in Richtung Gerolstein.

Info: Adler- und Wolfspark Kasselburg, 54570 Pelm bei Gerolstein.

Hirsch- und Sauenpark Daun

Dieser große Wild- und Safaripark ist in einem Waldgelände mit Sommerrodelbahn und tollen Spielplätzen in der Vulkaneifel eine der Hauptattraktionen. Man kann durch die großzügigen Wildfreigehege mit eigenem PKW fahren, oder zu Fuß den Walderlebnispfad erkunden. Eine Falknerei ist dem Tierpark angeschlossen.

Öffnungszeiten: 9.00 Uhr bis 18.00 Uhr täglich, vom 1. November bis 1. März 9.00 Uhr bis 16.00 Uhr, außer bei Schnee und Glatteis.

Anfahrt: Von Koblenz die A 48 Abfahrt Daun, dort auf die B 421, kurz hinter Daun nach Pützborn und den Schildern folgen.

Info: Hirsch- und Sauenpark Daun, 54550 Daun-Pützborn.

Sehenswertes in der Region:

Das Altertumsmuseum findet man in Gerolstein. Hier sind Funde aus der Kelten- und Römerzeit ausgestellt.

Die bekannten Eishöhlen liegen nicht weit von Gerolstein bei Müllenborn.

In Mayen besucht man das sehenswerte Eifler Landschaftsmuseum, das auf der dortigen Genovevaburg untergebracht ist.

Das Schloss Bürresheim findet man bei St. Johann. Das Anwesen zählt zu den schönsten deutschen Burgen überhaupt.

Die berühmten „blauen Augen", die Dauner Maare, sind in der Vulkaneifel sehenswert. Das Weinfelder Maar ist vor allem auch bei den Anglern bekannt.

Im Moseltal thronen über idyllischen Winzerdörfern am Fluss große Burgen und Klöster.

Von der Burgruine Landshut über Bernkastel-Kues hat man einen herrlichen Blick über die Mosel mit den endlosen Weinbergen.

In Cochem erlebt der Besucher auf der Burg einen historischen Ritterschmaus,- selbstverständlich mit reichlich Wein.

In Klotten, nur wenige Minuten von Cochem entfernt, findet man einen Wildpark.

In Moselkern die erhaltengebliebene Burg Elz aus der Ritterzeit.

Im Hunsrück ist ein beliebtes Ziel das Naturfreibad in Simmern mit 6.000 m² Wasserfläche. Zu den Wahrzeichen der Stadt gehört der Schinderhannesturm. Hier saß der Räuberhauptmann 1799 gefangen.

In Kastellaun an der Hunsrückhöhenstraße gibt es herrliche Wanderwege um die Ruine Burg Kastellaun.

Odenwald-Bergstraße

Zwischen Main und Neckar

Tipp: Fliegenfischen in der Mümling.

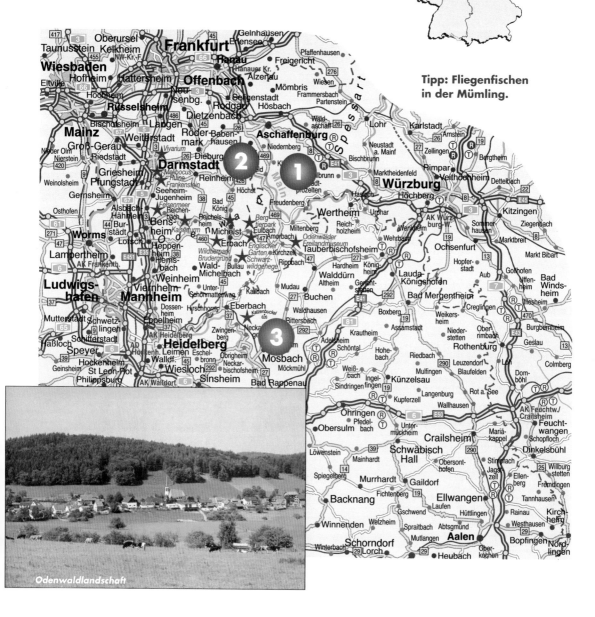

Odenwaldlandschaft

Zwischen den Flüssen Main und Neckar liegen die Naturparks Bergstraße-Odenwald und Neckartal-Odenwald, die zu Hessen und Baden-Württemberg gehören.

Karpfen und Hechte werden hier bevorzugt beangelt und wer möchte, kann in der Mümling und in den umliegenden Teichen Forellen angeln. Auch ein Ausflug zum Main bei Miltenberg oder an den Neckar bei Eberbach bietet dem „Petrijünger" eine ausgezeichnete Fischwaid.

Der Odenwald ist ein riesiges Laubwaldgebiet. An seinem Westhang verläuft geschützt die Bergstraße, wo man oft schon Ende Februar die Mandelbäume in voller Blüte erleben kann.
Der höchste Berg ist der Katzenbuckel mit 626 Metern bei Eberbach/Neckar. Beide Naturparks haben eine Gesamtfläche von 2.930 km². Quer durch diese Region verlief der Limes, der Schutzwall des Römischen Reiches. Heute noch begegnet man Resten des Limes und einstiger Kastelle der römischen Eroberer.

Karpfen in Apfelweinsauce

Zubereitung:

Den küchenfertigen Karpfen in 4 Teile schneiden und die Stücke vor der Zubereitung 1 Stunde im Apfelwein ziehen lassen, dann salzen, pfeffern und mit Zitronensaft beträufeln. Äpfel schälen, entkernen und in dünne Scheiben schneiden. Die Zwiebelringe und Apfelscheiben in eine entsprechend große Pfanne legen. Mit den Lorbeerblättern, Wacholderbeeren, Nelken, Pfefferkörnern und dem Piment gleichmäßig bestreuen. Den Sahnemeerrettich darüber verteilen und die Karpfenstücke darauflegen. Nun wird mit dem Apfelwein und Fischfond die Pfanne gut gefüllt und zugedeckt. Bei mittlerer Hitze den Karpfen ca. 30 Minuten garen lassen.
Mit Petersilienkartoffeln und einem grünen Salat wird das Gericht serviert.

Zutaten:

(für 4 Personen)

1	Karpfen, ca. 2 kg
	Pfeffer und Salz
	Saft von 2 Zitronen
150 g	Zwiebelringe
4	Äpfel (süßsauer)
1 TL	Wacholderbeeren
1 TL	Pfefferkörner
1 TL	Piment
1 TL	Nelken
4	Lorbeerblätter
2 EL	Sahnemeerrettich
1 l	Apfelwein
1/4 l	Fischfond

Empfehlung:
dazu das hessische
Nationalgetränk Nummer eins,
den „Ebbelwoi"

Gewässerinformationen

① Main

Fischvorkommen:
Jegliche Fischarten möglich.

Fangbestimmungen:
1 Stunde vor Sonnenaufgang bis 1 Stunde nach Sonnenuntergang, vom 01.05.-31.08. bis 1.00 Uhr auf Aal und Waller.

Angeltipp:
Unter der Mainbrücke in Klingenberg werden immer wieder kapitale Zander gefangen.

② Mümling

Fischvorkommen:
Aal, Bach- und Regenbogenforellen, Karpfen, Weißfische.

Fangbestimmungen:
1 Stunde vor Sonnenaufgang bis 1 Stunde nach Sonnenuntergang, 3 Edelfische pro Angeltag.

Angeltipp:
In dieser 1,5 km langen Strecke des ASV Breuberg e.V. wird bevorzugt mit der Fliegenrute gefischt.
Guter Bestand an Bachforellen.

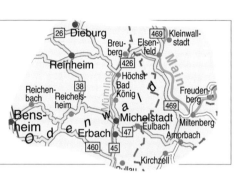

③ Neckar *(Rhein- Neckar- Pachtgemeinschaft)*

Fischvorkommen:
Aal, Hecht, Zander, Barsch, Schleien, Karpfen, Forellen, Waller, Weißfische.

Fangbestimmungen:
1 Stunde vor Sonnenaufgang bis 1 Stunde nach Sonnenuntergang, vom 24.03. bis 24.09. Angeln auf Aal bis 1.00 Uhr.

Angeltipp:
Kurz vor Neckargemünd, am Campingplatz werden immer wieder kapitale Karpfen gefangen.

Neckar *(Hessische Pachtgemeinschaft)*

Fischvorkommen:
Aal, Hecht, Zander, Barsch, Schleien, Karpfen, Forellen, Waller, Weißfische.

Fangbestimmungen:
1 Stunde vor Sonnenaufgang bis 1 Stunde nach Sonnenuntergang, vom 24.03. bis 24.09. Angeln auf Aal bis 1.00 Uhr.

Angeltipp:
Am Kernkraftwerk Obrigheim werden große Waller gefangen. Allerdings darf hier auch nur 1 Zander am Tag gefangen werden. Achtung wichtig: Fangliste führen.

Touristische Informationen

Blick ins Brombachtal

Vivarium Darmstadt

Das Vivarium beherbergt um die 200 Arten mit 1200 Tieren, darunter auch viele selten gewordene Tierarten. Für seine Echsennachzucht ist das Vivarium weltweit bekannt. Auch europäische Wildkatzen, Uhus, Schleiereulen und Steinkäuze werden hier gezüchtet und in Zusammenarbeit mit Naturschutzverbänden zur Auffrischung der heimischen Wildbestände ausgewildert.
Eine besondere Attraktion ist das Affenhaus mit den selten gewordenen Schopfmakaken.
Öffnungszeiten: Ganzjährig ab 9.00 Uhr
Anfahrt: Vom Stadtzentrum auf der B 26 Richtung Dieburg
Info: Vivarium Darmstadt, Schnampelweg 4, 64287 Darmstadt.

Englischer Garten Eulbach

Zwischen Michelstadt und Amorbach liegt dieser wunderschöne alte Park mit dem ehemaligen Jagdschloss. Hier findet man noch Spuren des römischen Limes, wie das Tor vom Römerkastell Eulbach und vom Römerkastell Würzburg. Auch ein Wachturm des Römerkastells ist zu bestaunen.
Dem Park ist ein Tierfreigehege angeschlossen mit Rot-, Dam-, Sikawild, Muffel- und Schwarzwild. Besonders stolz ist man auf die Wisentherde, die man von einem Beobachtungsstand betrachten kann. Interessant ist auch das Uhu-Haus und für die Kinder der große Spielplatz.
Öffnungszeiten: Ganzjährig, täglich von 9.00 Uhr bis 17.00 Uhr.
Anfahrt: Über Michelstadt auf die B 47 ca. 8 km in Richtung Amorbach.
Info: Englischer Garten, 64720 Michelstadt-Eulbach.

Odenwälder Freilandmuseum

Hier kann man Geschichte und Kultur aus dem Einzugsgebiet zwischen Rhein, Main, Neckar und Tauber hautnah erleben.
Am Rande eines alten Dorfteiches aus dem 14. Jahrhundert liegen die verschiedensten Gebäude, vom bescheidenen Tagelöhnerhäuschen bis zum prächtigen Großbauernhof. Der hier an Ort und Stelle restaurierte Schüßlerhof aus dem Jahr 1725 mit ländlichen Wanddekorationen vom 18. bis zum 20. Jahrhundert ist ein überraschendes Zeugnis bäuerlichen Lebensstils. Das liebevolle, dekorative Ausmalen der Innenräume mit Schablonen oder Farbwalzen war eine Odenwälder Besonderheit. Viele historische Dokumente und Ausstattungsdetails machen Geschichte lebendig. Außerdem locken Vorführungen traditioneller Arbeitsweisen wie Besenbinden, Schuhmachen, Wagnern, Spinnen, Korbmachen, Rechenmachen oder Strohstuhlflechten. Es gibt Mitmachaktionen für die ganze Familie und vieles mehr.
Öffnungszeiten: 1. April bis 1. November 10.00 Uhr bis 17.00 Uhr, täglich außer Montag, Mai bis September 10.00 Uhr bis 18.00 Uhr.
Anfahrt: Von Michelstadt die B 47 über Amorbach Richtung Walldürn, in Rippberg abbiegen nach Gottersdorf.
Info: Odenwälder Freilandmuseum Weiherstraße 12, 74731 Walldürn-Gottersdorf.

Sehenswertes in der Region:

Das Felsenmeer bei Reichenbach ist ein beliebtes Ausflugsziel im Naturpark. Die gigantischen Natursteinblöcke sind formschön gerundet und übereinander gestapelt. Arbeitsspuren und Werkplätze, sowie eine nie fertig gewordene schöne Säule von römischen Steinmetzen sind zu besichtigen.
In der Festungsburg Frankenstein am Rande des Naturparks Bergstraße-Odenwald bei Pfungstadt spukt es an Halloween.
Auf dem Kaiserturm bei Gadernheim hat man auf der 605 Meter hohen Neunkircher Höhe einen zauberhaften Ausblick über die Berge des Naturparks.
Der Staatspark bei Fürstenlager mit seinem über 50 Meter hohen Mammutbaum ist einen Ausflug wert.
Vom Schloss Auerbach bei Bensheim, von der **Starkenburg in Heppenheim** oder vom berühmtesten Berg des Odenwaldes, **dem Melibocus (517 Meter) bei Zwingenberg,** hat man wundervolle Ausblicke über die Rheinische Tiefebene zwischen Mainz und Worms .
Schlossfestspiele auf der Burg Zwingenberg am Neckar sind berühmt. Auf der hoch über dem Neckar liegenden spätmittelalterlichen Burganlage kann man sich eines romantischen Gefühls nicht erwehren.
Ein Besuch im Bergtierpark bei Erlenbach empfiehlt sich für die Kleinen, im Wildgehege „Brudergrund" in Erbach oder im Schwarzwildgehege bei Bullau.
Die Altstadt von Michelstadt lockt mit seinem berühmten gotischen Rathaus.

Oberpfälzer Wald

Zwei Naturparks in Ostbayern

Tipp: Hervorragende Äschen- und Forellenreviere in der Waldnaab.

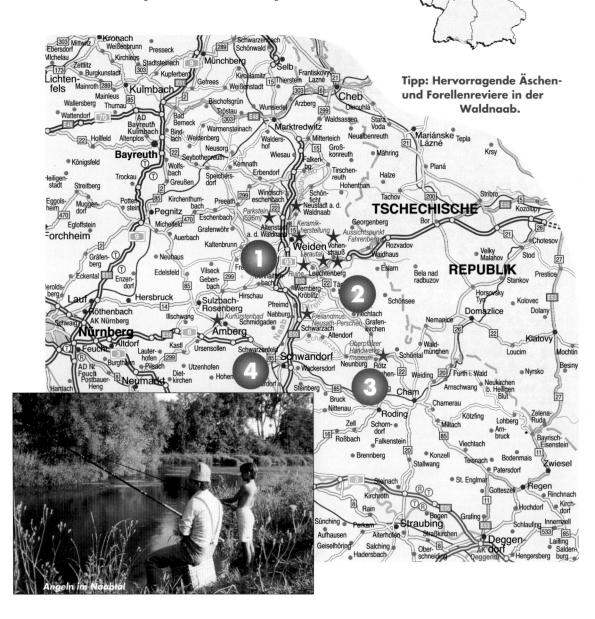

Angeln im Naabtal

Zwischen Amberg und der Staatsgrenze zu Tschechien liegen die Naturparks Nördlicher Oberpfälzer Wald und Oberpfälzer Wald. Im Norden grenzt dieses herrliche Waldgebiet an das Fichtelgebirge und im Süden an den nördlichen Bayerischen Wald.

Hier an der Grenze zum Böhmerwald findet der Angler kristallklare Bäche und Flüsse. Die Waldnaab, die Pfreimd oder die Schwarzach sind Gewässer, die sich vor allem durch ihren hervorragenden Bestand an Salmoniden auszeichnen. Durch die hohe Wasserqualität schmecken die hier gefangenen Fische besonders gut.

Auf vielen Wanderwegen, die sich durch liebliche Täler und dunkle, kühle Wälder schlängeln, kann man tagelang wandern, ohne einem Menschen zu begegnen. Die haupttouristischen Anziehungspunkte bilden die Städte Weiden und Vohenstrauß.
Auch einen grenzübergreifenden Abstecher ins nahe Böhmen, wobei man über den Grenzübergang bei Waidhaus kommt, mit einem Besuch in der Bierstadt Pilzen, gehört mit zu den bleibenden Eindrücken, die man aus diesem beschaulichen und ruhigen Urlaubsgebiet mitnimmt.

Karpfen nach Bayerischer Art

Zubereitung:
Den küchenfertigen Karpfen mit einem scharfen Messer der Länge nach halbieren, und zwar so, dass jede Hälfte ein geteiltes Schwanz-stück hat - eine Hälfte behält die Rückengräte.
Die Hälften gut mit Zitronensaft und Worchestersauce einreiben, dann *pfeffern und salzen.*
Anschließend paniert man die Karpfenteile wie folgt: zuerst mit Mehl bestäuben, dann in dem zuvor verquirlten Ei wenden und in den Semmelbröseln panieren. Jetzt werden reichlich Butter-schmalz in einer tiefen Pfanne erhitzt und die Karpfenhälften von *beiden Seiten goldbraun gebraten. Dazu gibt es Kochkartoffeln mit Sauce Remoulade und gemischtem Feldsalat.*

Zutaten:

(für 4 Personen)	
2	Karpfen je 1,5 kg
	(oder entsprechende
	Portionen)
	Saft von 1 Zitrone
	Worchestersauce
	Pfeffer und Salz
Panade:	
80 g	Mehl
1	Ei
	Semmelbrösel
50 g	Butterschmalz

Empfehlung:
einen Müller-Thurgau trocken

Gewässerinformationen

1

Flutkanal und Waldnaab

Fischvorkommen:
Aal, Hecht, Zander, Barsch, Wels/Waller, Bach- und Regenbogenforelle, Äsche, Karpfen, Weißfische.

Fangbestimmungen:
Je Angeltag 1 Waller, 1 Hecht, 1 Zander, 2 Salmoniden, 2 Karpfen, sonstige Fischarten ohne Beschränkung.
1 Stunde vor Sonnenaufgang bis 1 Stunde nach Sonnenuntergang.

Angeltipp:
Im Bereich Hammerwegwehr findet der Angler einen guten Bestand von Forellen und Äschen, die hier mit Rotwurm oder natürlich mit der Fliege überlistet werden.

2

Pfreimd

Fischvorkommen:
Hecht, Bach- und Regenbogenforellen, Schleien, Karpfen, Barben, Weißfische.

Fangbestimmungen:
Je Angeltag 2 Karpfen, 2 Schleien, 2 Salmoniden, 1 Hecht, jedoch maximal 5 Edelfische pro Tag.
1 Stunde vor Sonnenaufgang bis 1 Stunde nach Sonnenuntergang.

Angeltipp:
Landschaftlich schön gelegenes Fließgewässer, das zum „Spürangeln" auf Forellen und Barben einlädt.

3

Schwarzach

Fischvorkommen:
Aal, Regenbogenforellen, Schleien, Karpfen, Aalquappen, Weißfische.

Fangbestimmungen:
3 Edelfische pro Angeltag, davon maximal 1 Hecht, 2 Forellen.
1 Stunde vor Sonnenaufgang bis 1 Stunde nach Sonnenuntergang.

Angeltipp:
In der Schwarzach werden gute Regenbogenforellen auf schwimmenden Forellenteig (Floating Trout Bait) gefangen.

4

Naab

Fischvorkommen:
Aal, Hecht, Barsch, Forellen, Wels/Waller, Karpfen, Schleien, Weißfische.

Fangbestimmungen:
1 Stunde vor Sonnenaufgang bis 1 1/2 Stunde nach Sonnenuntergang. Das Aalangeln ist in der Sommerzeit bis 1.00 Uhr und in der Winterzeit bis 24.00 Uhr erlaubt.

Angeltipp:
Die Naab hier bei Schwandorf ist in 3 Angelstrecken unterteilt, Alkoferwasser, Grafwasser und Blankwasser) Alle Strecken sind gut zu befischen.

Touristische Informationen

Teichpfanne

Weiden in der Oberpfalz

Zur Stadt

Weiden ist das wirtschaftliche und kulturelle Zentrum der nördlichen Oberpfalz. Berühmt wurde die Stadt durch seine Porzellanproduktion. Das bekannte Weidener Porzellan ist inzwischen auf der ganzen Welt zu finden.
Der Komponist Max Reger (1873-1916) ist der bekannteste Sohn der Stadt, und alle vier Jahre wird bei den Weidener Musiktagen an ihn erinnert.

Sehenwürdigkeiten

Das Rathaus (1539-1545) mit dem Giebelmosaik, der Marktplatz mit der typisch bayerischen, von zwei Toren begrenzten Marktstraße. Die St. Michaels Kirche, das mittelalterliche Torwärterhäuschen, im Alten Schulhaus (1565) das Kulturzentrum der Stadt, mit Stadtmuseum und dem Max-Reger-Zimmer.

Freilandmuseum Neusath-Perschen

Zwei Standorte hat das Oberpfälzer Freilandmuseum in Neusath und Perschen. Ursprünglich wurde es in Perschen um den Edelmannshof gegründet. Hier gibt es 32 Bauten, in denen das ländliche Leben der vergangenen 300 Jahre dargestellt wird. Es gibt Aktionstage wie bäuerliche Hausschlachtung, alles wissenswerte um die Kartoffel oder auch Obsttage. Besonders beliebt sind die Handwerkervorführungen. Informationen über Programm und Termine gibt es bei der Museumsverwaltung.
Öffnungszeiten: Neusath April bis Oktober, Di-So 9.00 bis 18.00 Uhr, Perschen ganzjährig, Di-So 9.00 bis 18.00 Uhr.
Anfahrt: A 93 von Weiden bis zu Autobahnabfahrt Nabburg, Nummer 30.

Kurfürstenbad Amberg

Einen Besuch der Stadt Amberg ist für Familien mit Kindern lohnenswert. Hier liegt am Eingang zum ehemaligen Landesgartenschaugelände das wunderschöne Erlebnisbad. Bestechend ist seine sonnendurchlässige moderne Dachkonstruktion. Die 82 Meter lange Riesenrutsche ins Erlebnisbecken mit Niagara-Wasserfall ist für Groß und Klein mit Sicherheit etwas besonderes.
Öffnungszeiten: täglich von 9.00 Uhr bis 21.00 Uhr
Info: Kurfürstenbad Amberg, Kurfürstenring 2, 92224 Amberg.

Sehenswertes in der Region:

Der Ferienort Vohenstrauß liegt im Naturpark Oberpfälzer Wald, etwa 600 Meter hoch in einer sehr reizvollen Landschaft. Das Schloss Friedrichsburg (1586-1593), ein Renaissancebau mit vier runden Ecktürmen, kann besichtigt werden. Am Markt steht die „Alte Pfarrkirche", die nach dem Brand im Jahre 1838 neu erbaut wurde. Das Heimatmuseum im alten Rathaus zeigt die Handwerkskunst aus dem Oberpfälzer Wald.
Das Lerautal zwischen Leuchtenberg und Vohenstrauß ist ein ursprünglich wildromantisches Tal mit Granitfelsengruppen.
Die Burgruine Leuchtenberg liegt hoch über dem gleichnamigen Ort und ist eine erkundungswerte Burganlage aus dem 12. Jahrhundert.
Die Burgruine Flossenbürg, ebenfalls hoch über dem gleichnamigen Ort gelegen, ist ein traumhafter Aussichtspunkt.
In Weiden ist das internationale Keramikmuseum zu besuchen. Es wird die eigene Art, die lokale Tradition der Keramikherstellung, gezeigt. Die 1000 m² Ausstellungsfläche beherbergen auch wechselnde Wanderausstellungen aus anderen bayerischen Staatsmuseen.
Ebenfalls in Weiden liegt die Thermenwelt. Sie ist durch die 100 m lange Wasserrutsche, die über einen gläsernen Treppenturm zu erreichen ist, den Wildwasserkanal und die Felsenquelle besonders für Kinder attraktiv.
Der Wildpark Buchet bei Waldthurn im nördlichen Oberpfälzer Wald ist einer der größten seiner Art. Auf einem 1 km langen Rundweg erlebt man fast hautnah das Rot- und Damwild, Sika- und Muffelwild, Wapitis, Munjaks und Wisente.
Das kleine Städtchen Neustadt an der Waldnaab hat zwei sehenswerte fürstliche Schlösser aufzuweisen.
Der Parkstein westlich von Neustadt ist ein 596 Meter hoher Aussichtspunkt, der auf einem ungewöhnlichen, weithin sichtbaren Basaltkegel liegt.
Ein Mega-Aussichtspunkt ist der Fahrenberg bei Pleystein, etwa 5 km nördlich von Vohenstrauß. Hier reicht der Fernblick weit über die Naturparks.
Im Oberpfälzer Handwerksmuseum in Rötz-Hillstett kann der Besucher 20 originalgetreue Handwerkerstätten bestaunen. Sehenswert sind das Sägewerk Saxlmühle und das Hammerwerk Seebarnhammer.
Eine Reise zum Mittelpunkt der Erde kann man in dem Informationspavillon bei der kontinentalen Tiefenbohrung in Windischeschenbach erleben.

Bayerischer Wald

An Donau und Regen

**Tipp: Ein gutes Misch-
gewässer ist der
Höllensteinsee.**

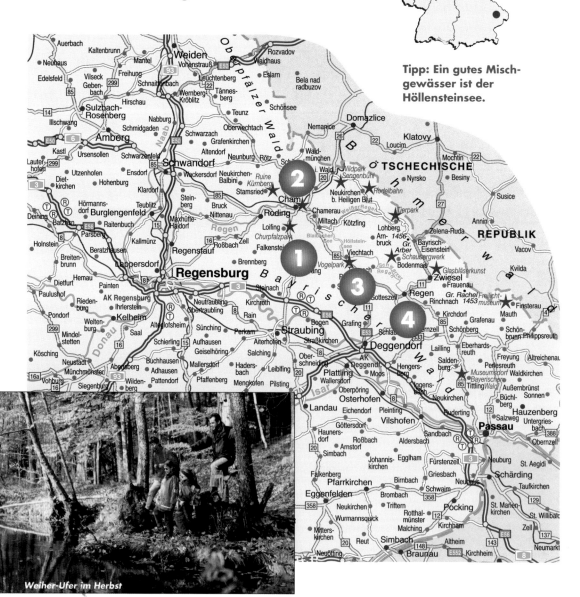

Weiher-Ufer im Herbst

Die Naturparks Oberer Bayerischer Wald und Bayerischer Wald liegen zwischen Schwandorf und Freyung. Die Hauptkämme der Naturparks bilden von Nordwest nach Südost das Grenzgebirge zu Tschechien.

Flüsse wie der Regen oder die Donau zwischen Niederbayern und dem Bayerischen Wald, die auch die geographische Grenze bildet, sind für den ambitionierten Angler natürlich auch Traumreviere. Der Regen, der zu den schönsten bayerischen Flüssen gehört, bietet dem Angler großen Sport. Kapitale Welse gehören zur Tagesordnung, denn der Fluss weist einen sehr reichen Fischbestand auf. Äschen, Forellen, Hechte, Zander - an einem guten Tag ist alles möglich.

Die nahezu unberührte Landschaft lädt zum Wandern ein und wird jeden Naturliebhaber begeistern. Bei Bayerisch-Eisenstein, nahe der Grenze zu Tschechien, erhebt sich der Große Arber, der höchste Gipfel des Bayerischen Waldes (1475 Meter). Davor ein blaues Juwel, der Arbersee, inmitten einer traumhaften Ferienlandschaft.

Forelle gefüllt

Zubereitung:

Als erstes wird die Pilzfüllung vorbereitet. Dafür gibt man etwas Butter und das Olivenöl in eine Pfanne. Bei mittlerer Hitze lässt man zuerst die klein gehackten Zwiebelstücke glasig werden, gibt dann die geputzten Pfifferlinge (möglichst kleine) dazu und brät diese ca. 10 Minuten an. Abgeschmeckt wird mit schwarzem Pfeffer und Salz.

Zum Schluss noch die frisch gehackten Kräuter (Petersilie, Dill, Schnittlauch) zu der Füllung geben. Die Forellen ausnehmen und unter fließendem Wasser gründlich waschen. Mit einem Küchentuch gut trockentupfen. Die Fische von außen und innen gut mit Pfeffer, Salz und Zitronensaft würzen. Nun gibt man die Pilzfüllung in die Forellen und steckt die Öffnung gut

zu. Die Fische nun reichlich mehlen und in genügend Olivenöl goldbraun von beiden Seiten, je nach Dicke der Forellen, bei mittlerer Hitze ca. 5-6 Minuten braten. Zu der gefüllten Forelle werden Schwenkkartoffeln mit grünem Salat gereicht.

Tipp:
Als vorzügliche Beilage empfehlen wir auch Röstkartoffeln.

Zutaten:

(für 4 Personen)

4	Forellen à 250 g
	Olivenöl
	Saft einer Zitrone
1	Bund Dill
1	Bund Petersilie
1	Bund Schnittlauch
1	Zwiebel
200 g	Pfifferlinge
	etwas Mehl

Empfehlung:
einen trockenen Rheingauer -
Riesling aus der Einzellage
Schloss Vollrads

Gewässerinformationen

Blaibacher See/Schwarzer Regen

Fischvorkommen:
Aal, Hecht, Zander, Karpfen, Schleien, Barsch, Forellen, Äschen, Weißfische.
Fangbestimmungen:
1 Raubfisch, 3 Karpfen, 3 Schleien, 5 Aale pro Tag, restliche
Fischarten ohne Beschränkung.
Angeltipp: Super-Gewässer für Karpfen- und Aalspezis.

Weißer Regen

Fischvorkommen:
Aal, Hecht, Zander, Karpfen, Schleien, Barsch, Forellen,
Äschen, Weißfische.
Fangbestimmungen:
4 Edelfische pro Angeltag. Achtung: Nur Fliegen- und Spinnangeln
erlaubt.
Angeltipp: Eine wunderbare Flugangelstrecke.

Höllsteinsee

Fischvorkommen:
Aal, Hecht, Zander, Barsch, Bach- und Regenbogenforellen, Bachsaibling,
Äschen, Huchen, Schleien, Karpfen, Weißfische.
Ausgabestelle:
Verkehrsamt Viechtach, Stadtplatz 1, 94234 Viechtach.
Fangbestimmungen:
3 Edelfische pro Angeltag, davon höchstens 1 Hecht.
1 Huchen pro Jahr.
Angeltipp:
Hier ist ein guter Bestand an Hechten und Forellen.

Schwarzer Regen

Fischvorkommen:
Aal, Hecht, Zander, Barsch, Bach- und Regenbogenforellen, Bachsaibling, Äschen, Huchen, Schleien,
Karpfen, Weißfische.
Ausgabestelle:
Verkehrsamt Viechtach, Stadtplatz 1, 94234 Viechtach.
Fangbestimmungen:
3 Edelfische pro Angeltag, davon höchstens 1 Hecht. 1 Huchen pro Jahr.
Angeltipp:
Ein sehr gutes Salmonidengewässer. Bachforellen werden mit der Fliegenrute nur vom 01.05. bis 31.12. beangelt.

Weitere Topangelreviere:
Donau bei Straubing. Fischvorkommen: Aal, Hecht, Zander, Forellen, Huchen, Wels/Waller, Karpfen, Schleien,
Weißfische.
Kleine Laber. Fischvorkommen: Aal, Hecht, Zander, Barsch, Forellen, Weißfische.
Isar bei Landau. Fischvorkommen: Aal, Hecht, Huchen, Zander, Barsch, Forellen, Karpfen, Schleien, Wels/Waller,
Weißfische.
Ilz bei Passau, ist ein sehr gutes Salmonidengewässer. Fischvorkommen: Bach- und Regenbogenforellen, Äschen,
Huchen, Bachsaibling, Hecht, Zander, Karpfen, Schleien, Weißfische.

Touristische Informationen

ndschaft bei Schönberg

Bayernwald Tierpark Lohberg

Mitten im Bayerischen Wald leben in naturbelassener Umgebung auf einer Fläche von 10 Hektar hauptsächlich heimische Tierarten. Ganz bewusst erlebt der Besucher die ganze Schönheit von Flussläufen, Sumpfgebieten und Waldpartien, wie man diese auch sonst im Bayerischen Wald vorfindet.

In den verschiedenen Lebensräumen leben die Tiere wie zum Beispiel Waldvögel, Wasservögel, Eulen und Greifvögel. Im Wildgehege leben Rotwild, Damwild, Schwarzwild und Elche in Gemeinschaft zusammen. Heimische Raubtiere wie Luchse, Marder, Wildkatzen und Füchse leben in einem Gehege. Wo es möglich ist, werden Tiere des gleichen Lebensraumes miteinander vergesellschaftet.

Öffnungszeiten: April bis Oktober 9.00 bis 17.00 Uhr,
November bis März 10.00 bis 15.00 Uhr.

Anfahrt: von Cham, östlich nach Kötzing über Lam nach Lohberg.

Churpfalzpark Loifling

Mit seinem Rosarium und mit über 7000 Pflanzen ist er der größte Blumen- und Gartenpark in Ostbayern. Der Freizeit- und Erlebnispark mit Märchendarstellung, Karussells und Figurentheater bietet der ganzen Familie einen erlebnisreichen Tag.

Die Attraktionen sind eine Skulpturensammlung, Lachkabinett, Senioren-Express, Kleinseilbahn, Kleineisenbahn, Monorail-Einschienenbahn, Drachenexpress, Schmetterlingspendelbahn, Apfelbutzenbahn, Spielplatz, Pflanzenlehrpfad, Riesenrad, Babywellenfluss, großes Babyland, Rutschenparadies, Wildwasserbahn und vieles mehr.

Öffnungszeiten: Ostern bis Mitte Oktober von 9.00 bis 18.00 Uhr, Einlass bis 16.00 Uhr. Von 12.00 bis 13.00 Uhr ist kein Fahrbetrieb.

Anfahrt: Auf der B 20 von Straubing / A 3 Richtung Cham bis Wilting, dort abzweigen.

Info: Churpfalzpark Loifling, 93455 Cham/Oberpfalz.

Freilichtmuseum Finsterau

Südöstlich am Rande des Bayerischen Waldes liegt das Freilichtmuseum. 25 Gebäude in kompletten Bauernhofverbänden auf 10 Hektar Ausstellungsfläche. In der Saison führen Handwerker ihre Künste vor, aus der Dorfschmiede hört man die charakteristischen Geräusche wie im Mittelalter. Es wird das kräftige Bauernbrot gebacken und Holz gedrechselt.

Kulinarische Genüsse kann man im Museumscafé in der Ehrn (eine alte Straßenwirtschaft aus dem Dorf Kirchaitnach) probieren. In wechselnden Ausstellungen wird der Alltag der Bauern und Tagewerker im Bayerischen Wald dokumentiert.

Öffnungszeiten: 25. Dezember bis April 11.00 bis 16.00 Uhr, Mai bis September 9.00 bis 18.00 Uhr. Montags außer an Feiertagen geschlossen.

Anfahrt: von Passau über die B 12 bis Freyung, von dort über Mauth bis nach Mauth-Finsterau.

Info: Freilichtmuseum Finsterau, 94151 Finsterau.

Museumsdorf Bayerischer Wald

Dieses große Museumsdorf bei Tittling fand im Jahre 1972 seine Anfänge. Es gibt über 50 bäuerliche Anwesen zu bewundern, die nach historischen Fotos so platziert wurden, dass heute originale Dorfanlagen entstanden sind. Eine Besonderheit sind die älteste Volksschule Deutschlands und die historische Museumsgaststätte. Fast alle Gebäude sind auch mit historischen Möbeln und Hausrat eingerichtet. Für die Kleinen gibt es mitten im Dorf einen Spielplatz.

Öffnungszeiten: April bis Ende Oktober täglich von 9.00 bis 17.00 Uhr.

Anfahrt: Von Passau über die B 85 nach Tittling.

Info: Museumsdorf Bayerischer Wald, Am Dreiburgensee, 94100 Tittling.

Sehenswertes in der Region:

Am Rande des Naturparks Oberer Bayerischer Wald steht die Ruine Kürnburg beim kleinen Städtchen Stamsried. Die Anlage ist eine der besterhaltenen Burgruinen der Oberpfalz.

Das Städtchen Cham mit dem Biertor aus dem 14. Jahrhundert, dem spätgotischen Rathaus (13. Jahrhundert), der Kirche St. Jakob und weiteren sehenswerten Bauten sollte man besuchen.

Bei Furth im Wald findet man den Tierpark Sengenbühl, in dem rund 800 Tiere leben, teils auch solche, die in der freien Natur schon ausgestorben sind. Eine besondere Attraktion ist das Aquariumhaus, in dem heimische Fischarten zu bestaunen sind.

Im Vogelpark Viechtach kann man seltene Vogelarten aus nächster Nähe beobachten. Neu ist das Reptilienhaus.

Rodeln auch ohne Schnee kann man auf der Sommerrodelbahn in Neukirchen. Mit einem Sessellift erreicht man den Gipfel, von dort wandert man zum Beginn der Rodelstrecke, und in rasanter Fahrt geht es hinab ins Tal.

Frankenhöhe - Steigerwald

In den zwei wildromantischen Naturparks

Tipp: Die Seenlandschaft bei Höchstadt.

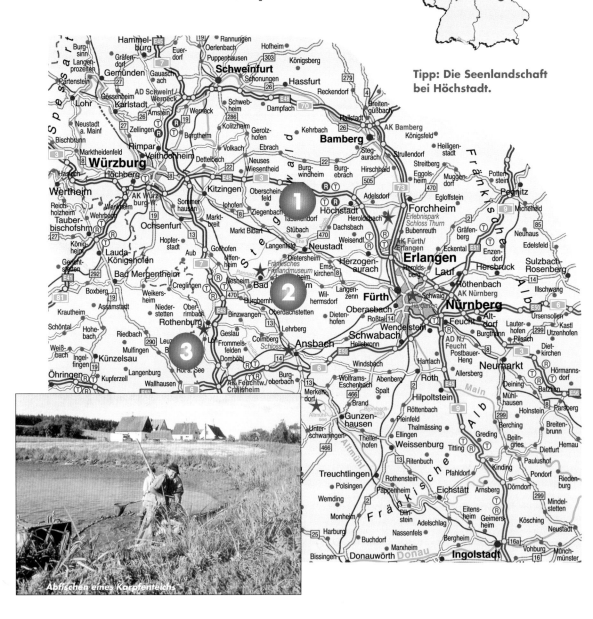

Abfischen eines Karpfenteichs

Zwischen Haßfurt am Main im Norden und Ansbach an der fränkischen Rezat im Süden reichen die Mittelgebirgszüge und heutigen Naturparks Steigerwald und Frankenhöhe.

Im Flussdreieck von Main, Regnitz und Aisch findet vor allem der Karpfenspezi in dem berühmten „Aischgrund" Gewässer, wo eines schöner als das andere ist. Aber auch die Altmühl, die im Naturpark Frankenhöhe ihren Ursprung findet, zählt zu den Top-Gewässern in Deutschland.

Bayern wie im Bilderbuch erlebt der Besucher der zwei wildromantischen Naturparks Steigerwald und Frankenhöhe. Diese Landschaft ist ein noch wenig bekanntes Feriengebiet und deshalb ein best mögliches Refugium für Ruhe und Erholung. Ein wald- und hügelreiches Gebiet voller ursprünglicher Romantik, und keine größere Ansiedlung stört das Bild der Landschaft. Die Burgruinen und Rokokoschlösser warten auf den Gast, und der vorzügliche Wein, ein für die Region bekannter Bocksbeutel, will gekostet werden.

Karpfen blau mit Spargel

Zubereitung:

Der küchenfertige Karpfen wird von innen gewaschen und so wenig wie möglich an der Hautseite angefasst, damit die Schleimschicht nicht verletzt und der Fisch schön blau wird.
Nun wird er in Essigwasser mit
einem Glas Weißwein, den Zwiebelringen, der Zitrone und den Kräutern blau gekocht.
Je nach Größe dauert dies 25-40 Minuten.
Dann wird der Karpfen auf eine vorgewärmte Fischplatte gelegt.
Seitlich verziert man ihn mit dem
gekochten Spargel sowie mit Petersilie.
Zum Karpfen gibt es Petersilienkartoffeln, Spargel mit geklärter Butter und reichlich Petersilie.
Als Beilage kann man auch statt Spargel Schwarzwurzeln zubereiten.

Zutaten:

(für 4 Personen)

1	Karpfen
2	Zwiebeln
	Petersilie
1	Zitrone
0,2 l	Weißwein
1	Tasse Essig
1 kg	frischer Spargel
1/2 TL	Rosmarin
1/2 TL	Basilikum
1/2 TL	Koriander
	etwas Estragon

Empfehlung:
einen halbtrockenen Riesling
wie ein 1998-er Schloss
Johannisberger

Gewässerinformationen

1 **Ehebach (von der Brücke in Stübach bis zur Einmündung in die Aisch)**

Fischvorkommen:
Aal, Barsch, Maränen, Wels/Waller, Bach- und Regenbogenforellen, Äschen, Schleien, Karpfen, Weißfische.
Fangbestimmungen:
3 Edelfische pro Angeltag, Raubfisch für Gastangler
ganzjährig gesperrt.
Angeltipp:
Die Brücke in Stübach ist ein guter Platz für den
Forellenfänger.

2 **Aisch und Rannach (von Illesheim bis Leukersheim, durch Tafeln gekennzeichnet)**

Fischvorkommen:
Aal, Hecht, Barsch, Wels/Waller, Bach-
und Regenbogenforellen, Schleien, Karpfen,
Weißfische.
Fangbestimmungen:
Mit TK 2 Karpfen, 2 Schleien, 1 Forelle oder 1 Hecht,
mit WK 6 Karpfen, 4 Schleien, 2 Forellen, 2 Hechte.
Angeltipp:
Gutes Schleien- und Karpfengewässer, mit Winklepicker und Futterkörbchen gehen an der Einmündung zum
Flutgraben die Schleien auf Maden und Teig an den Haken.

3 **Altmühl (von Frommelsfelden bis Binzwangen)**

Fischvorkommen:
Aal, Hecht, Barsch, Wels/Waller, Bach- und Regenbogenforellen,
Schleien, Karpfen, Graskarpfen, Weißfische.
Fangbestimmungen:
2 Friedfische und 2 Raubfische pro Angeltag. Angelzeit ist
1 Stunde vor Sonnenaufgang bis
1 Stunde nach Sonnenuntergang. Ab 01.05. bis 24.00 Uhr,
auf Aal bis Ende der Saison.
Angeltipp:
Sehr guter Aalbestand, aber Vorsicht, gelegentlicher „Beifang"
kapitale Waller.

Fränkische Rezat (von Ansbach bis Untereschenbach
bei Windsheim ca. 35 km)

Fischvorkommen:
Aal, Hecht, Zander, Barsch, Wels/ Waller, Bach- und Regenbogenforellen, Karpfen, Schleien, Weißfische.
Fangbestimmungen:
1 Stunde vor bis 1 Stunde nach Sonnenuntergang, pro Angeltag dürfen 3 Raubfische, 3 Karpfen, 3 Schleien,
3 Forellen gefangen werden. Auf Raubfisch mit einer Handangel.
Künstliche Köder auch Fliege erst ab 1. August eines Angeljahres.
Angeltipp:
An der Einmündung des Wattenbachs gute Aalfänge.

Touristische Informationen

Typische Karfenteiche

Fränkisches Freilandmuseum

Hier hat man drei verschiedene Dörfer aus Franken auf einem 45 Hektar großen Gelände aufgebaut. Es ist eines der größten Freilandmuseen in Deutschland.

Es gibt einen Museumsladen und zwei Gaststätten, betriebsfähige von Wasser angetriebene Getreide- und Ölmühlen. Ständige Sonderausstellungen, Kinder- und Jugendprogramme runden das Angebot ab.

Öffnungszeiten: Von Mitte März bis Oktober 9.00 bis 18.00 Uhr. Montags Ruhetag, außer an Feiertagen, Einlass bis 1 Stunde vor Schließung.

Anfahrt: Über A 7 Abfahrt Bad Windsheim (Nummer 107), von dort auf die B 470 nach Bad Windsheim.

Info: Fränkisches Freilandmuseum, Eisweiherweg 1, 91438 Bad Windsheim.

Erlebnispark Schloss Thurn

Einen kleinen Ausflug zum Erlebnispark Schloss Thurn sollte man nicht scheuen. Dieses Freizeit- und Erlebnisareal liegt in einem historischen Park rund um das barocke Wasserschloss. Die Attraktionen dieses Freizeitparks sind Wasserbob, Drachenschiff, Monorail, Monzabahn, Westernexpress, Oldtimerautos, eine kleine Eisenbahn, Tretboote, Bumper-Spaßboote, Autoscooter, Weißer Blitz, Butterfly, Luna Loop, Zinnfigurenkabinett, Märchenwald, Wildpark, Westernstadt, Minigolf, Achterbahn, Wildwasserbahn.

Öffnungszeiten: Von Anfang April bis Anfang Oktober von 9.00 bis 18.00 Uhr (Fahrbetrieb von 10.00 bis 17.00 Uhr)

Anfahrt: A 3 Nürnberg-Würzburg, Ausfahrt Höchstadt-Ost (Nummer 80), auf die B 470 bis Heroldsbach

Info: Erlebnispark Schloss Thurn, 91336 Heroldsbach.

Tiergarten Nürnberg

Auf 63 Hektar kann der Besucher rund 2000 Wildtiere von ca. 300 Arten aus allen Erdteilen bestaunen. Eine besondere Attraktion ist das 1971 eröffnete Delphinarium. Es ist das einzige seiner Art in Nordbayern. Bei den Kleinen ist im Kinderzoo das Ponyreiten besonders beliebt.

Öffnungszeiten: Ganzjährig und täglich, 20. März - 9. Oktober 8.00-19.30 Uhr, von 10. Oktober bis 19. März von 9.00 bis 17.00 Uhr.

Info: Am Tiergarten 30, 90480 Nürnberg.

Sehenswertes in der Region:

Am Schloss Schwanberg führt ein geologischer Lehrpfad zum 473 Meter hohen gleichnamigen Berg.

In Rothenburg ob der Tauber wird das Mittelalter wieder lebendig. Traumhaft schönes Fachwerkstädtchen mit seinem bekannten Rathaus.

Das Markgrafenschloss in Ansbach beeindruckt sowohl durch seine Fassade als auch durch die prunkvolle Ausstattung der Innenräume. In Ansbach findet man auch das Aquella, ein modernes Freizeitbad mit einer tollen Wasserlandschaft.

Ein Ausflug zum Altmühlsee sollte man auf jeden Fall machen. Freizeitvergnügen pur erlebt man in dem 4,5 km² großen Bade-, Angler-, Surfer- und Seglerparadies.

Die Burg Lisberg westlich von Bamberg wurde bereits im 8. Jahrhundert urkundlich erwähnt. Sie ist eine der ältesten Burgen in Franken.

Kloster Ebrach war Frankens erste und wichtigste Zisterzienserabtei und wurde im Jahre 1127 gegründet. In Ebrach selbst ist auch das Waldmuseum interessant.

Direkt an der A 3 liegt der kleine Ort Geiselwind, der mit seinem wunderbaren Zierfachwerkrathaus besticht.

Das „Freizeitland Geiselwind", das von Ostern bis Mitte Oktober geöffnet ist, wird auch gerne besucht.

Im Tal der Rauhen Ebrach liegt der Erholungsort Schlüsselfeld mit seinen hübschen Fachwerkhäusern und der gotischen Pfarrkirche St. Kilian.

Schloss Schwarzenberg überragt das frühbarocke Amtsstädchen Scheinfeld. Anfang Juli feiert man hier auf dem Schloss das Sommerfest, Ende Juli findet ein Kulturwochenende statt, und Mitte Oktober gibt es einen Herbstmarkt.

Der Frankenweinort Iphofen, am Fuß des Schwanberges, bildet einen gelungenen Übergang vom Steigerwald in die weite Mainebene. Sehenswert ist vor allem die mittelalterliche Befestigungsanlage mit dem bekannten Rödelser Tor. Herausragend ist die katholische Stadtpfarrkirche St. Veit.

In Neustadt an der Aisch ist ein Teil des historischen Stadtbildes noch gut erhalten. Dazu gehört auch die Stadtwehr mit sieben Türmen und dem Nürnberger Tor (1340). Im Alten Schloss ist das Heimatmuseum. Im September und Oktober gibt es hier die „Aischgründer Karpfen-Schmeckwochen".

Südlicher Schwarzwald

An den Quellen
von Donau und Neckar

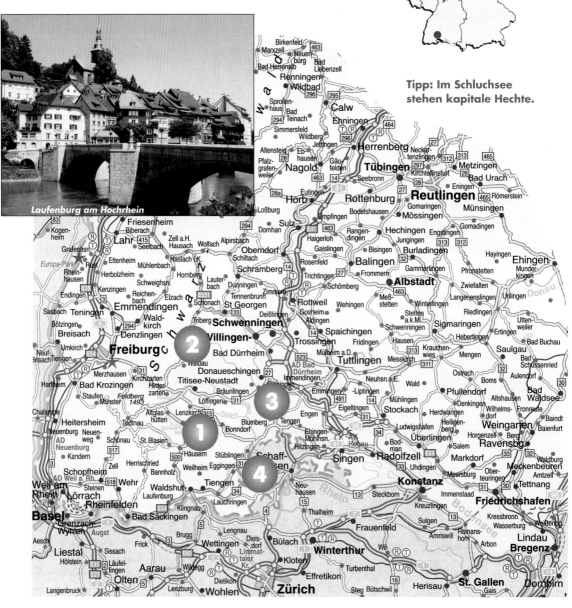

Laufenburg am Hochrhein

**Tipp: Im Schluchsee
stehen kapitale Hechte.**

Der Schwarzwald gehört zu den bekanntesten und schönsten deutschen Mittelgebirgslandschaften und ist von Pforzheim bis Waldshut am Hochrhein etwa 160 Kilometer lang, im Norden etwa 20 und im Süden 60 Kilometer breit. Der Süden ist der landschaftlich beeindruckenste Teil.

Als wahre Angelparadiese gelten der malerisch gelegene Titisee und der Schluchsee. Flüsse im nördlichen Teil des Schwarzwaldes wie die Murg, die Nagold oder die Kinzig sind auch hervorragende Forellenreviere. Im südlichen Teil sind es die Breg, die Wutach und die Gutach, die das Angeln zum Erlebnis der besonderen Art machen.

Der Südliche Schwarzwald wird von dem 1493 Metern hohen Feldberg beherrscht. Heilbäder und Thermalquellen gibt es in dieser intakten Landschaft in großer Zahl. Von dem bekannten Aussichtspunkt Schauinsland (1284 Meter) kann man bei klarer Sicht bis zu den Alpen sehen. Sehenswert ist die Schlucht des Höllentals, die mit ihren schroffen Felsen zwischen Himmelreich und Hinterzarten am steilsten ist. Im Gutachtal bei Triburg rauscht der schönste Wasserfall aus dem Zusammenfluss von Weißen- und Schwarzenbach über sieben Kaskaden 162 Meter in die Tiefe.

Forelle mit Mandeln

Zubereitung:

Die frischen Forellen ausnehmen, unter fließendem Wasser gründlich abspülen und mit einem Küchentuch trockentupfen.
Innen und außen mit Zitronensaft beträufeln, pfeffern und salzen. Die in Mehl gewendeten Forellen nun *in der zerlassenen Butter bei mittlerer Hitze auf beiden Seiten goldbraun braten.*
In einer kleineren Pfanne die Mandelblättchen in Butter goldgelb anrösten.
Die Forellen in den gerösteten Mandeln wenden und auf einer *vorgewärmten Platte servieren. Die geschmolzene Butter über die Fische geben und die restlichen Mandelblättchen darüber verteilen. Als Beilage gibt es Petersilienkartoffel und einen Salat der Saison.*

Zutaten:

(für 4 Personen)

4	Forellen à 300g
	Saft 1/2 Zitrone
	Pfeffer und Salz
150 g	Butter
100 g	blättrige Mandeln
1	Zitrone
1	Bund Petersilie

Empfehlung:
einen charaktervollen weißen
Burgunder aus Baden

Gewässerinformationen

① Schluchsee

Fischvorkommen:
Aal, Hecht, Zander, Schleien, Karpfen, Barsch, Forellen, Äschen, Saibling, Weißfische.
Ausgabestelle:
Kurverwaltung Schluchsee, Fischbachstr. 7, 79859 Schluchsee.
Fangbestimmungen:
1 Seeforelle, 4 Regenbogenforellen, 3 Hechte, 2 Zander, 4 Karpfen, 4 Schleien pro Angeltag. Restliche Fischarten ohne Beschränkung. 1 Stunde vor Sonnenaufgang bis 1 Stunde nach Sonnenuntergang.
Angeltipp:
Am Schluchsee werden immer wieder kapitale Hechte gemeldet.

② Titisee

Fischvorkommen:
Aal, Hecht, Zander, Karpfen, Schleien, Barsch, Forellen, Weißfische.
Fangbestimmungen:
10 Forellen am Tag. Restliche Fischarten ohne Beschränkung. 1 Stunde vor Sonnenaufgang bis 1 Stunde nach Sonnenuntergang.
Angeltipp:
Der Titisee ist ein Forellenrevier.

③ Gutach

Fischvorkommen:
Bach- und Regenbogenforellen.
Ausgabestelle:
Tourist-Information, Sebastian-Kneipp-Anlage, 79822 Titisee-Neustadt.
Fangbestimmungen:
1 Rute, 3 Edelfische pro Angeltag. Angelzeit von Sonnenaufgang bis Sonnenuntergang.
Angeltipp:
Ideale Fliegenfischerstrecke.

④ Wutach (Los 2) bei Bonndorf

Fischvorkommen:
Forellen, Äschen, Saiblinge, Weißfische.
Fangbestimmungen:
1 Rute, 3 Edelfische pro Angeltag. Nur Fliegenfischen mit Trockenfliege erlaubt. Das Waten ist nur vom 01.05. bis 30.09 erlaubt. Es dürfen nur Schonhaken verwendet werden. 1 Stunde vor Sonnenaufgang bis 1 Stunde nach Sonnenuntergang.
Angeltipp:
An der Mündung der Gaubach ist das Angeln mit der Trockenfliege auf Forellen sehr erfolgreich.

Wutach (Los 4) bei Blumberg

Fischvorkommen:
Forellen, Äschen, Saiblinge, Weißfische.
Fangbestimmungen:
1 Rute, 3 Edelfische pro Angeltag. Nur Fliegenfischen mit Trockenfliege erlaubt. Das Waten ist nur vom 01.05. bis 30.09 erlaubt. Es dürfen nur Schonhaken verwendet werden. 1 Stunde vor Sonnenaufgang bis 1 Stunde nach Sonnenuntergang.
Angeltipp:
Die Wutach ist in einzelne Lose unterteilt, und für jedes Los gibt es eigene Ausgabestellen.

Touristische Informationen

Angeln auf dem Schluchsee

Freiburg im Breisgau

Zur Stadt

Das Tor zum südlichen Schwarzwald ist die Haupt- und Verwaltungs-, Bischofs- und Universitätsstadt Freiburg im Breisgau. Der Hausberg der Freiburger ist der 1284 Meter hohe Schauinsland, und nur wenige Kilometer vor den Toren der Stadt öffnet sich das wildromantische Höllental dem Besucher.

Sehenswürdigkeiten in Freiburg

Die nach dem Zweiten Weltkrieg wieder aufgebaute Stadt ist heute mit ihrer bekannten Fußgängerzone, der Kaiser-Joseph-Straße in der Altstadt, dem Freiburger Münster und vielen am Münsterplatz stehenden schönen alten Häusern ein Kleinod in der Region. Zu besichtigen sind das Augustinermuseum, das Naturkunde- und Völkermuseum und in der Franziskanerstraße das Haus zum Walfisch, ein spätgotisches Bürgerhaus mit schönem Erker. Den Schlossberg (469 Meter) kann man nur über eine Seilbahn und Aufzug erreichen. Von hier hat man einen wundervollen Ausblick über Stadt und Münster. Nordwestlich von Freiburg erhebt sich unmittelbar aus der Rheinebene das vulkanische Gebirge des Kaiserstuhls. Ein Abstecher, der sich schon wegen der Eigenart dieser Landschaft und nicht zuletzt seiner berühmten Weine lohnt.

Europa-Park Rust

Dieser große Freizeit- und Erlebnispark im Dreiländereck gehört mit mehr als 60 Fahrattraktionen, die sich in 10 europäische Themenbereiche und Shows aufteilen, zu den besten seiner Art. Die Weltneuheit "Euro-Mir", Fjord Rafting, Wildwasserbahn, Dunkelachterbahn, Bobbahn, Piratenfahrt, Riesenschiffsschaukel, Alpenexpress, Geisterschloss, Eisrevue, Ritterspiele und Rittermahl im Schloss, Spanische Arena, Dinosaurier-Themenfahrt, Astro-Shuttle, Raumstation sind einige der Attraktionen des Parks.
Öffnungszeiten: täglich von 9.00 bis 18.00 Uhr (in den Sommermonaten abends länger geöffnet)
Anfahrt: Über A 5 Abfahrt 58 Herbolzheim der Beschilderung folgen.
Info: Europa-Park, 77977 Rust bei Freiburg.

Schwarzwälder Freilichtmuseum

Dieses Museum in Gutach dokumentiert in über 25 Gebäuden das traditionelle Leben der Region. Der Besucher erhält hier einen faszinierenden Einblick in die bäuerliche Arbeits- und Lebensweise der frühen Bewohner des Schwarzwaldes. Die für die verschiedenen Regionen typischen Gebäude des Schwarzwaldes sind alle authentisch eingerichtet. Es gibt außerdem ein Waldmuseum, Vorführungen der Handwerkskunst, Trachtenaustellung, Bauern- und Kräutergärten, einen Einblick in artgerechte Tierhaltung sowie abwechselnde Sonderausstellungen.
Öffnungszeiten: 1. April bis 1. November täglich von 8.30 bis 18.00 Uhr, Einlass bis 17.00 Uhr.
Anfahrt: Von Offenburg bis Wolfach auf der B 33 bis Gutach.
Info: Schwarzwälder Freilichtmuseum, Vogtsbauernhof, 77793 Gutach.

Schwarzwald-Zoo Waldkirch

In Waldkirch, am Fuße des 1243 Meter hohen Kandel gelegen, ist dieser Zoo in die waldreiche Landschaft eingebunden. Auch die Bepflanzung wurde auf die 60 Arten mit 200 Tieren, die hier auf 5,5 Hecktar leben, abgestimmt. Außer den für den Schwarzwald typischen Arten wie Wildschweine, Rehe und Hirsche wurden hier auch Tiere angesiedelt, die eher in alpiner Region zu Hause sind. Der Zoo zeigt auch Bären und Luchse, die heute in der Schwarzwälder Natur nicht mehr vorkommen. Die sehr seltene Wildtierrasse des Sika-Hirschs wird hier gezüchtet. Besonders stolz ist man auf die Greifvogelanlage und die in Europa wohl einmalige Sammlung von Eulen. Für Kinder gibt es einen sehr schönen Streichelzoo und einen Vogellehrpfad.
Öffnungszeiten: April bis September täglich von 9.00 bis 18.00 Uhr, Oktober bis März 9.00 bis 17.00 Uhr.
Anfahrt: Von Freiburg über die B 294 nach Waldkirch.

Sehenswertes in der Region:

Der Ort Titisee-Neustadt gehört zu den bekanntesten im südlichen Schwarzwald. Titisee ist ein beliebtes Touristenzentrum, während Neustadt auch ein Industrieort ist. Hier werden die berühmten Schwarzwalduhren hergestellt. Im Heimatmuseum kann man sich über die Handwerkskunst der Uhrmacher informieren.
Von Bonndorf aus gehen herrliche Wanderwege zu der wildromantischen Wutachschlucht und dem Bonndorfer Schloss, das mit seinen gewaltigen Mauern eines der schönsten Renaissance-Bauwerke der Region ist.
Das Feldberggebiet ist das ganze Jahr ein Hauptanziehungspunkt im Südschwarzwald.
Zu den ältesten heilklimatischen Kurorten gehört Schluchsee mit dem über 7 km^2 großen und bis 33 Meter tiefen See.

Bodensee-Oberschwaben

Deutschlands größter See

Tipp: Am Bodensee sollte man vom Boot aus angeln.

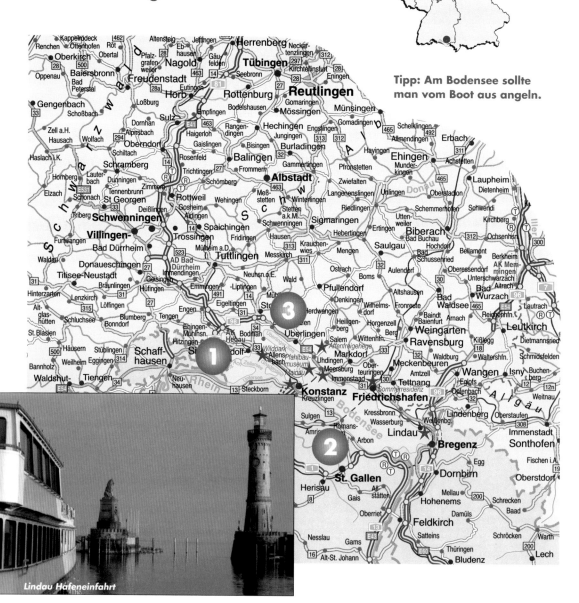

Lindau Hafeneinfahrt

Das "Schwäbische Meer", wie man zu Deutschlands größtem See liebevoll sagt, liegt an der Grenze zur Schweiz und Österreich, zwischen Konstanz und Bregenz.

Von den rund 30 heimischen Fischarten sind die wichtigsten die Blaufelchen, dies ist der Brotfisch der Bodenseefischer und zugleich eine gastronomische Spezialität, die Sandfelche (Weißfelchen), der Gangfisch, der Barsch (Kretzer oder Egli genannt), die Brasse in beachtlichen Größen und natürlich auch der Hecht, der bis 1,40 Meter lang und bis 20 kg schwer wird. Die Seeforellen können hier bis 15 kg schwer, und Welse (Waller) bis zwei Meter lang mit einem nicht seltenen Gewicht von 60 kg werden. Wichtig ist darauf zu achten, dass man für das Angeln vom Boot aus eine Zulassung vom Schifffahrtsamt in Konstanz erhält.

Die einzigartige Landschaft ist geprägt von der majestätischen weiten Wasserfläche des Sees, an dessen Ufern kleine freundliche Städtchen liegen. Eines der schönsten davon ist die Kleinstadt Meersburg mit ihrem Schloss als Wahrzeichen. Es ist eine der ältesten Deutschen Burgen.

Felchen Konstanzer Art

Zubereitung:

Die überbrühten Tomaten werden gehäutet und mit der Zwiebel in Würfel geschnitten. Die Tomaten und Zwiebel werden in einem Topf mit 1 Esslöffel Öl angedünstet, bis sie Wasser ziehen, dann ca. 15 Minuten köcheln lassen. Mit Pfeffer und Salz abschmecken und

warm stellen. Die Felchenfilets werden in Mehl gewendet und in einer Pfanne mit 50 g Butter und 2 Esslöffel Öl bei mittlerer Hitze auf beiden Seiten goldgelb gebraten und warm gestellt. Nun die Champignons in dicke Scheiben schneiden und in der restlichen Butter (ca. 10 Minuten)

dünsten, dann mit Pfeffer und Salz abschmecken.
Man richtet zunächst die Tomaten-Zwiebel-Mischung an, legt die Felchenfilets darauf und gibt je ein Viertel der angedünsteten Champignons hinzu. Dazu gibt es Salzkartoffel und einen Salat, zur Dekoration etwas Petersilie.

Zutaten:	
(für 4 Personen)	
8	Felchenfilets
300 g	Tomaten
1	kleine Zwiebel
	Olivenöl
	Pfeffer und Salz
80 g	Butter
100 g	Mehl
200 g	frische
	Champignons

Empfehlung:
Kirchhofener Batzenberg
Gutedel

Gewässerinformationen

1 **Untersee / Zellersee und Radolfzeller Ach**

Fischvorkommen:
Aal, Hecht, Zander, Schleien, Karpfen, Schleien, Barsch, Felchen, Forellen, Weißfische.
Ausgabestelle:
Landratsamt Konstanz, Benediktiner Platz 1, 78467 Konstanz.
Fangbestimmungen:
10 Felchen, 50 Barsche pro Tag. Restliche Fischarten ohne Beschränkung. Bootsangeln erlaubt, Angelzeit 1 Stunde vor Sonnenaufgang bis 1 Stunde nach Sonnenuntergang.
Angeltipp:
In der Radolfzeller Ach werden kapitale Aale auf Fischfetzen gefangen.

2 **Bodensee**

Fischvorkommen:
Aal, Hecht, Zander, Schleien, Karpfen, Schleien, Barsch, Felchen, Forellen, Weißfische.
Ausgabestelle:
Staatliches Liegenschaftsamt Konstanz, Torgasse 6, 78462 Konstanz.
Fangbestimmungen:
10 Felchen, 50 Barsche pro Tag. Restliche Fischarten ohne Beschränkung. Bootsangeln erlaubt, Angelzeit 1 Stunde vor Sonnenaufgang bis 1 Stunde nach Sonnenuntergang.
Angeltipp:
Im Bereich Meersburg an der Einmündung des Baches ist vom Boot aus eine der tollen Stellen für Hechtangler.

Achtung Angler: Für die erfolgreiche Angelei am Bodensee braucht man unbedingt ein Boot. Alle Boote müssen eine Zulassung vom Schifffahrtsamt Konstanz haben.

3 **Obersee / Überlinger See**

Fischvorkommen:
Aal, Hecht, Zander, Schleien, Karpfen, Schleien, Barsch, Felchen, Forellen, Weißfische.
Ausgabestelle:
Staatliches Liegenschaftsamt Konstanz, Torgasse 6, 78462 Konstanz,
Fangbestimmungen:
10 Felchen, 50 Barsche pro Tag. Restliche Fischarten ohne Beschränkung. Bootsangeln erlaubt, Angelzeit 1 Stunde vor Sonnenaufgang bis 1 Stunde nach Sonnenuntergang.
Angeltipp:
Bei der Einmündung der Stock-Ach werden gute Forellen gefangen.

Touristische Informationen

Mainau Sonnenaufgang

Mainau

Die Insel Mainau im Bodensee hat sich zu einer der bedeutendsten Sehenswürdigkeiten Europas entwickelt. Die Blumeninsel mit dem bekannten Barockschloss und seiner üppigen, beinahe subtropischen Pflanzenwelt, ist durch die Lage und das milde Klima ein Garten Eden. Im Park stehen zahlreiche exotische Bäue, mächtige Zedern, Araukarien, Mammutbäume, Tujas, neben dem Schloss Palmen, Orangen- und Feigenbäume, Bambus und Bananenstauden. Das Schloss wurde 1739 - 1746 erbaut und in den Ausstellungsräumen finden ständig Kunstausstellungen statt.
Öffnungszeiten: ganzjährig
Anfahrt: Über Konstanz zur Insel Mainau oder mit dem Schiff von Meersburg oder Überlingen.
Info: Mainau GmbH, 78465 Insel Mainau.

Pfahlbaumuseum

Einen Ausflug in die Stein- und Bronzezeit erlebt der Besucher in Unteruhldingen. Das Freilichmuseum umfasst inzwischen drei Dorfanlagen aus der Frühgeschichte. In den Dörfern erlebt man anschaulich, wie der Alltag der Steinzeit- und Bronzezeitmenschen war, und in dem dazugehörigen Ausstellungsraum sind Originalfunde zu betrachten.
Öffnungszeiten: Vom 1. April bis 30. September von 8.00 bis 18.00 Uhr, im Oktober von 9.00 bis 17.00 Uhr. Von November bis März nur an den Wochenenden von 9.00 bis 17.00 Uhr.
Info: Pfahlbaumuseum, Strandpromenade 6, 88690 Unteruhldingen.

Wild- und Freizeitpark Allensbach

In der Nähe von Konstanz, auf dem Bodanrück zwischen dem Überlinger- und dem Untersee, liegt dieser Park. Neben den heute noch in freier Wildbahn vorkommenden Tierarten werden in diesem Wildpark auch Tiere gehalten, die früher hier die Wäder durchstreiften. Auf dem 75 Hecktar großen Gelände leben heute 15 Arten mit über 300 Tieren.
Öffnungszeiten: Mai bis September von 9.00 bis 18.00 Uhr, Oktober bis April von 10.00 bis 17.00 Uhr
Anfahrt: Von der B 33 über Radolfzell-Markelfingen Richtung Kaltbrunn der Ausschilderung folgen.

Affenfreigehege Salem

Kein Gitter trennt den Besucher beim Rundgang durch Deutschlands größtes Affenfreigehege. Vor allem für die Kinder ist dies ein riesiger Spaß, denn sie dürfen ein spezielles Futter an die Affen verfüttern.
Öffnungszeiten: Vom 15. März bis 1. November täglich von 9.00 bis 18.00 Uhr
Anfahrt: Auf der B 31 bis Uhldingen-Mühlhofen, dort Richtung Tüfingen der Beschilderung folgen.
Info: Affenburg-Salem Mendlishausen GmbH, 88682 Salem.

Sehenswertes in der Region:

Die ehemalige Sommerresidenz der württembergischen Könige, die Stadt Friedrichshafen am Nordufer des Bodensees, beherbergt das Städtische Bodenseemuseum. Eine Ausstellung zeigt das Leben und Schaffen des Grafen Ferdinand von Zeppelin, den Erbauer jener Luftschiffe, die im Volksmund Zeppelin genannt werden. Sehenswert ist das im Park liegende Schloss mit der barocken Schlosskirche, das Schulmuseum mit Originalklassenzimmern. Jährlich an den letzten 10 Tagen der Sommerferien in Baden-Württemberg findet in Friedrichshafen der Kultursommer mit Straßentheater, Openair-Konzerten, Bühnenprogrammen und Workshops für Kinder und Jugendliche statt.
Ein Touristenmagnet ist die Kleinstadt Meersburg mit seiner über 1000jährigen Geschichte. Geprägt wird das Stadtbild von prächtigen Fachwerkäusern in verwinkelten Gassen. Das alte Schloss ist Burgmuseum und gilt als Wahrzeichen der Stadt. Das Dorniermuseum zeigt deutsche Luftfahrtgeschichte. Sehenswert sind das Deutsche Zeitungsmuseum, das der berühmten Dichterin gewidmete Droste-Hülshoff-Museum und das Weinbaumuseum.
Konstanz ist die größte und historisch bedeutendste Stadt des Bodenseegebietes. Sehenswürdigkeiten gibt es in der heutigen Kreisstadt viele: Der Rheintorturm, der Pulverturm aus dem 14. und 15 Jahrhundert, das Dominikanerkloster, das romanische Münster aus dem 11. Jahrhundert, von dessen Turm man einen herrlichen Blick auf Stadt und See hat, das „Hohe Haus" aus dem 13. Jahrhundert und das Rathaus aus dem 16. Jahrhundert. Das Rosengartenmuseum, die Wessenberggalerie, das Archäologische Landes- und das Bodenseemuseum, wo man die komplexe Ökologie des größten deutschen Binnensees kennen lernt, sind weitere Attraktionen. Einen Ausflug zur Bodenseeinsel Reichenau zu den romanischen Kirchen sollte eingeplant werden.
Einzigartig ist die Inselstadt Lindau mit ihren Wahrzeichen in der Hafeneinfahrt, dem Leuchtturm und gegenüber dem bayerischen Löwen. Von hier aus kann man Schiffsausflüge ins benachbarte Österreich und in die Schweiz unternehmen. Der eigentliche Ortskern liegt auf der Bodensee-Insel und gilt als ausgesprochen romantisch.

Schwäbische Alb

Im Naturpark Obere Donau

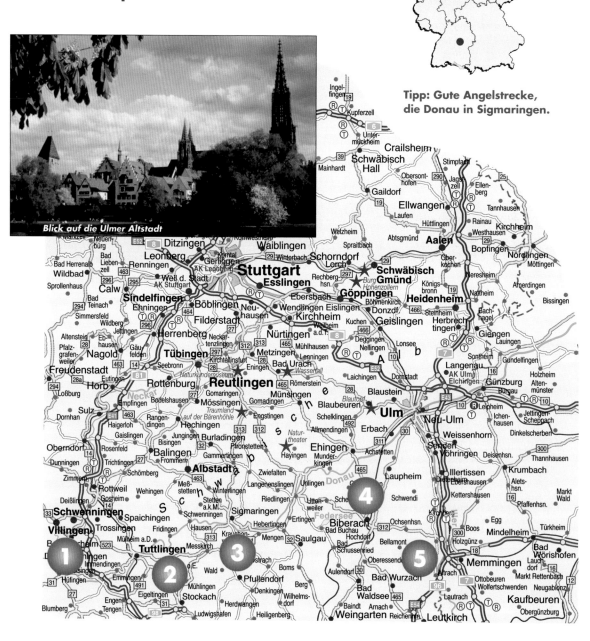

Blick auf die Ulmer Altstadt

Tipp: Gute Angelstrecke, die Donau in Sigmaringen.

Die Schwäbische Alb, ein aus Jurakalk bestehender Mittelgebirgszug, erstreckt sich auf einer Länge von 210 km und einer Breite von 15 km bis 60 km vom Südostrand des Schwarzwaldes, vorbei an Ulm bis zum Nördlinger Ries.

Die Donau, die in Donaueschingen entspringt und im Großen Lautertal ein tief eingeschnittenes Tal geschaffen hat, ist der Anglerfluss schlechthin. Überall findet der Petrijünger seinen idealen Ansitz. Im Nordwesten der Schwäbischen Alb sind die Flüsse Neckar, Fils und Rems für ihren Frischreichtum bekannt.

Die Vielfalt dieser Landschaft kann man am besten mit einem Ausflug über die Schwäbische Alb-Straße erfahren. Beeindruckend ist der Pflanzenreichtum, wie ihn kein anderes deutsches Mittelgebirge aufweist. Atemberaubend ist auch der landschaftliche Kontrast: obstreiche Täler, schroffe Talschüsseln mit Quellen und Höhlen, felsige Hänge mit zahlreichen Burgruinen und die Hochflächen mit ihren Bergwiesen und Heideflächen.

Hechtklößchen auf Blattspinat

Zubereitung:

Die Zwiebel mit den Hechtabfällen, dem Lorbeerblatt, 1/2 TL Salz, 1/2 l Wasser und Wein in einen Topf geben, ca. 40 Minuten köcheln lassen. Abseihen und den Fond auffangen. Butter zerlassen, 1/4 l Fond angießen, aufkochen, Mehl zufügen und zu einem

Kloß rühren, abkühlen lassen. Eier trennen und Eigelb einzeln unterziehen. Die gekühlten Hechtfilets abbrausen, trockentupfen, dann grob würfeln und pürieren. Eiweiß steif schlagen, unterheben und mit Pfeffer, Salz und Muskat würzen, ca. 30 Min. kühl stellen. Den Teig mit dem pürierten Fisch mischen,

mit einem angefeuchteten Löffel Klößchen abstechen und im Fond bei schwacher Hitze 15 Min. gar ziehen lassen. Schalotten in Öl glasig dünsten, Spinat dazu geben, ca. 8 Min. garen. Mit Pfeffer, Salz und Muskat abschmecken. Man serviert mit Reis und einer Weißweinsauce.

Zutaten:

(für 4 Personen)	
500 g	Hechtfilet
500 g	Hechtabfälle
	(für Fond)
1/4 l	Weißwein trocken
100 g	Butter
100 g	Mehl
1	Zwiebel
2	Schalotten
1	Lorbeerblatt
	Pfeffer und Salz
3	Eier
2 EL	Öl
	Muskat
1 kg	Blattspinat

Empfehlung:
1999-er Weißburgunder

Gewässerinformationen

Donau (ASV Villingen e.V.)

Fischvorkommen:
Aal, Hecht, Zander, Karpfen, Schleien, Barsch, Wels/Waller, Forellen, Weißfische.
Fangbestimmungen:
2 Hechte pro Angeltag, restliche Fischarten ohne Beschränkung. Angelzeit 1 Stunde vor Sonnenaufgang bis 1 Stunde nach Sonnenuntergang.
Angeltipp:
Die Donau im Bereich Neudingen ist für Karpfenspezialisten eine interessante Strecke.

Donau (Immendinger A.V. von 1964 e.V.)

Fischvorkommen:
Aal, Hecht, Zander, Schleien, Karpfen, Barsch, Wels/Waller, Forellen, Weißfische.
Ausgabestelle:
Stadtverwaltung, Schlossplatz 2, 78194 Immendingen.
Fangbestimmungen:
2 Forellen, 2 Äschen, 2 Karpfen, 2 Schleien, 2 Aale pro Angeltag. Raubfischangeln mit Blinkern verboten. Angelzeit 1 Stunde vor Sonnenaufgang bis 1 Stunde nach Sonnenuntergang.
Angeltipp:
Hier werden vor der Donauversickerung am Einlauf des Weißenbachs gute Forellen gefangen.

Donau (SFV Sigmaringen e.V.)

Fischvorkommen:
Aal, Hecht, Zander, Schleien, Karpfen, Barsch, Wels/Waller, Forellen, Weißfische.
Ausgabestelle:
Stadtverwaltung, Schwabenstr. 1, 72488 Sigmaringen.
Fangbestimmungen:
5 Edelfische pro Angeltag, Blinkern verboten.
Angeltipp:
Mitten im Stadtgebiet werden starke Aale auf Tauwurm und Fischfetzen gefangen.

Federseekanal

Fischvorkommen:
Aal, Zander, Hecht, Barsch, Karpfen, Graskarpfen, Bach- und Regenbogenforellen, Schleien, Wels/Waller, Weißfische.
Fangbestimmungen:
2 Karpfen, 1 Hecht, 1 Waller, 2 Schleien, 2 Forellen pro Angeltag.
Angeltipp: Guter Wallerbestand.

Gewässerinformationen

Riedsee

Fischvorkommen:
  Aal, Hecht, Zander, Barsch, Karpfen, Schleien, Weißfische.
Ausgabestelle:
  Kurverwaltung 88410 Bad Wurzach.
Fangbestimmungen:
  1 Stunde vor Sonnenaufgang bis 1 Stunde nach Sonnenuntergang
  1 Hecht, 1 Karpfen, 2 Schleien, pro Angeltag.
Angeltipp: Am Riedsee werden immer wieder kapitale Hechte gefangen.

Touristische Informationen

er Blautopf bei Blaubeuren

Traumland auf der Bärenhöhle

Das Hauptausflugsziel auf der Schwäbischen Alb ist der Freizeit- und Erlebnispark Traumland auf dem Gelände der bekannten Schauhöhle.
Das Freizeitangebot auf einen Blick:
Der Märchenpark mit seinen sehr hübsch gestalteten Gebäuden, das Lachkabinett mit den verschiedenen Zerrspiegeln, ein verhextes Schloss, das 35m hohe Riesenrad, die Oldtimer- und Westerneisenbahn, die Westernstadt, das Sprungkissen zum Austoben, der Kettenflieger, die Marienkäferbahn, Ponyreiten und ein Kleinkinder-Spielplatz.
Öffnungszeiten: Von Ostern bis 1. November von 9.00 bis 18.00 Uhr.
Anfahrt: Von Reutlingen auf der B 312 bis Engstingen im Ortsteil Haid, Richtung Sonnenbühl zur Bärenhöhle.
Info: Traumland auf der Bärenhöhle, 72820 Sonnenbühl.

Naturtheater Hayingen

Schwäbisches Volkstheater für die ganze Familie in dem kleinen Städtchen Hayingen beim Großen Lautertal. Gespielt wird bei jedem Wetter, denn die Zuschauertribüne ist überdacht, und die Schauspieler sind abgehärtet. Die aufgeführten Stücke setzen sich in unterhaltsamer Weise mit der Geschichte und den Menschen in der Region um das Lautertal auseinander. Sie bieten Unterhaltung, wie man es sich für einen Familientag nicht besser vorstellen kann.
Anfahrt: Von Ulm auf der B 311 über Ehingen und Munderkingen bis Obermarchtal, dort rechts abbiegen, über die Landstraße nach Hayingen.
Info: Naturtheater der Stadt Hayingen, Auf dem Leinen 12, 72534 Hayingen.

Sehenswertes in der Region:

Der Naturpark Obere Donau mit seiner höchsten Erhebung, dem 1015 Meter hohen Lemberg, mit Aussichtsturm und dem tief eingeschnittenen Tal der Donau. Das wildromantische Durchbruchstal zwischen Tuttlingen und Sigmaringen gehört zu den schönsten Naturwundern der Schwäbischen Alb.
Der Blautopf in dem malerischen Städtchen Blaubeuren ist eine der größten Karstquellen in Deutschland. Der ca. 20 Meter tiefe, trichterförmige Quelltopf, dessen Wasser blaugrün schimmert, setzt sich in einem wassergefüllten Höhlensystem fort. Am Rande des Blautopfs ist die bekannte historische Hammerschmiede. In Blaubeuren befindet sich das Urgeschichtliche Museum mit Funden aus der Zeit der Neandertaler.
In Reutlingen findet der Besucher das bekannte Naturkundemuseum mit der berühmten Fossilien- und Insektensammlung, sowie die Marienkirche, eine der schönsten hochgotischen Kirchbauten in Schwaben.
Bad Urach bei Reutlingen ist bekannt durch den 37 Meter hohen Uracher Wasserfall und die über die Stadt ragenden Burgruine Hohenurach.
Im Tal der Rems liegt die einstige Freie Reichsstadt Schwäbisch Gmünd, bekannt durch ihre Gold- und Silberwarenindustrie. Mitten in der Stadt erhebt sich das gotische Münster zum Heiligen Kreuz, eine der ersten Hallenkirchen Süddeutschlands. Ein beliebtes Ausflugsziel ist der 9 km südlich gelegene Rechberg, ein Aussichtspunkt mit Burgruine aus dem 12. Jahrhundert.
Die Burg Hohenzollern, mit ihrer einzigartigen Lage auf dem kegelförmigen Zeugenberg, ist die bekannteste in der Region.

Allgäu -
Bayerisch Schwaben

An Donau und Lech

Tipp: Angeln am Lech und seinen Staustufen.

Hopfensee im Ostallgäu

Das Allgäu erstreckt sich als der südlichste Teil von Bayerisch Schwaben zwischen Bodensee und Lechtal und geht im Nordwesten auch ins württembergische Schwabenland über.

Für einen Angelurlaub bietet die Allgäuer Landschaft mit ihren grünen sanften Moränenhügeln und den tief gestaffelten hochalpinen Gebirgsketten der Allgäuer Alpen einen imposanten Hintergrund. Prächtige Seen wie der Alpsee, Grüntensee, Weißensee, Hopfensee und der Forggensee bei Füssen sind dem Angler bekannt, aber auch stille Weiher und glasklare Bäche und Flüsse sind hier ausgezeichnete Angelreviere.

Eines der bekanntesten Feriengebiete Deutschlands ist das Allgäu: die Voralpen und das Gebirge zwischen Kempten und Oberstdorf, Oberstaufen und Füssen. Es ist ein Land grüner Wiesen, auf denen das bekannte Allgäuer Braunvieh weidet, und bewaldeter Berge, die zu schroffen Felsgipfeln ansteigen. Die höchste Erhebung der Allgäuer Alpen ist der 2657 Meter hohe Krottenkopf in Nordtirol. Das Allgäu ist aber auch für seine Bäder und Heilquellen bekannt. Die Kneippsche Wasserkur, die auch in vielen anderen Kur- und Erholungsorten angewandt wird, ist hier in Bad Wörishofen entstanden. Die gute Höhenluft trägt ihr übriges zu einem Wohlfühlurlaub bei.

Bachforelle in Kressesauce

Zubereitung:

Die Forellenfilets werden in Mehl, Ei und Semmelbrösel gewendet. In reichlich Butter von beiden Seiten goldbraun braten und warm stellen. Für die Sauce nimmt man die Kresse, die Basilikumblätter, die geschälte Knoblauchzehe, die Kapern und hackt alles sehr fein.

2 EL Semmelbrösel mit Salz und dem Weinessig verrühren und mit den feingehackten Zutaten vermischen. Nach und nach das Olivenöl hinzurühren, es soll eine halbfeste Sauce entstehen. Am Schluss mit dem schwarzen Pfeffer aus der Mühle

vermischen und abschmecken. Zum Servieren gießt man die Sauce auf die auf einem vorgewärmten Teller angerichteten Forellenfilets und garniert diese noch mit Kresseblättchen.

Als Beilage gibt es Salzkartoffeln und einen frischen Salat.

Zutaten:
(für 4 Personen)

8	Forellenfilets
50 g	Mehl
80 g	Butter
1	Ei
	Pfeffer und Salz
	Semmelbrösel

Sauce:

	Kresse (möglichst Brunnenkresse)
	Basilikumblätter
1	Knoblauchzehe
2 EL	Kapern
2 EL	Semmelbrösel
	Salz
	schwarzer Pfeffer
1 EL	Weinessig
1/2 l	Olivenöl

Empfehlung:
1997-er
Kiedricher Sandgrub Riesling

Gewässerinformationen

 Iller

Fischvorkommen:
Aal, Hecht, Zander, Karpfen, Schleien, Barsch, Bach- und Regenbogenforellen, Äschen, Saiblinge, Huchen, Döbel, Barben, Weißfische.

Fangbestimmungen:
Mit der TK 3 Edelfische pro Tag, mit der WK 5 Edelfische pro Tag, sonstige siehe Erlaubnisschein.

Angeltipp:
Mit der Trockenfliege oder mit kleinen Spinnern werden hier die Salmoniden überlistet.

 Großer Alpsee

Fischvorkommen:
Aal, Hecht, Zander, Karpfen, Schleien, Barsch, Bach- und Regenbogenforellen, Seeforellen, Renken, Weißfische.

Fangbestimmungen:
3 Edelfische pro Tag, Angelsaison vom 01.05. bis 30.11.

Angeltipp:
Guter Salmonidenbestand, der mit kleinen Spinnern überlistet werden kann.

 Lech (Staustufe 15)

Fischvorkommen:
Aal, Hecht, Zander, Karpfen, Schleien, Barsch, Bach- und Regenbogenforellen, Äschen, Saiblinge, Huchen, Döbel, Barben, Weißfische.

Ausgabestelle:
Fremdenverkehrsamt Landsberg/Lech, Angeln mit Ferien- und Kurkarte.

Fangbestimmungen:
1 Rute, 3 Edelfische pro Tag.

Angeltipp:
Ein sehr gutes Salmonidengewässer.

Hopfensee

 Hopfensee

Fischvorkommen:
Aal, Hecht, Zander, Karpfen, Schleien, Barsch, Forellen, Saiblinge, Renken, Weißfische.

Ausgabestelle:
Tourist-Information, Hopfen am See, Uferstraße 21.

Fangbestimmungen:
1 Fisch über 5 kg oder 2 Edelfische pro Tag, restliche Fischarten ohne Beschränkung. Nachtangen im Sommer bis 24 Uhr erlaubt, Bootsangeln erlaubt.

Angeltipp:
Hier wird erfolgreich mit der Schleppangel auf Hecht gefischt.

Forggensee und Füssener Achen

Fischvorkommen:
Aal, Hecht, Zander, Karpfen, Schleien, Barsch, Bach- und Regenbogenforellen, Äschen, Saiblinge, Huchen, Döbel, Barben, Weißfische.

Fangbestimmungen:
2 Edelfische pro Angeltag.

Angeltipp:
Der Forggensee ist für seinen guten Hechtbestand bekannt.

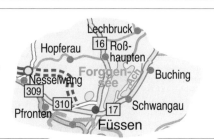

Gewässerinformationen

Weitere Top- Angelreviere:

Schlingener See, Fischvorkommen: Bachforellen, Äschen, Saiblinge, Huchen, Aal, Hecht, Zander, Barsch, Karpfen, Schleien, Wels/Waller, Weißfische.
Fangbestimmungen: 3 Edelfische pro Angeltag. 1 Stunde vor Sonnenaufgang bis 1 Stunde nach Sonnenuntergang.
Verbindungsstrecke Schlingener See/Wertach, Fischvorkommen: Bachforellen, Äschen, Saiblinge, Huchen, Aal, Hecht, Zander, Barsch, Karpfen, Schleien, Wels/Waller, Weißfische.
Fangbestimmungen: 3 Edelfische pro Angeltag. 1 Stunde vor Sonnenaufgang bis 1 Stunde nach Sonnenuntergang.
Niedersonthofer See,
Fischvorkommen: Aal, Hecht, Zander, Barsch, Karpfen, Schleien, Wels/Waller, Weißfische.
Fangbestimmungen: 3 Edelfische pro Angeltag. Angelzeiten: Info über FV Niedersonthofener See e.V.

Touristische Informationen

Freizeitpark Allgäu

Wunderschön gelegen im Weitenauer Tal, direkt an der B 12 zwischen Kempten und Isny, liegt Europas einziger überdachter Miniaturpark. Bei jedem Wetter findet der Besucher Freizeitspaß für Jung und Alt mit Modellen bekannter Baudenkmäler. Vom Schloss Neuschwanstein bis zur Akropolis, ob die Pyramiden von Gizeh oder die Suliman-Moschee aus Istanbul, alle Bauwerke von allen Kontinenten der Erde sind im Maßstab 1 : 45 dargestellt. Weitere Attraktionen sind die Westernbahn für Kinder, Autoscooter, Autotretbahn, Riesen-Trampolins, Nautic-Jet, Luna-Loop, ein Kinder-Spiele-Land und für die Erwachsenen eine Gartenterasse mit Biergarten, sowie ein original bayerisches Festzelt.
Öffnungszeiten: Vom 1. April bis 1. November von 9.30 bis 18.00 Uhr.
Anfahrt: B 12 von Kempten Richtung Isney nach Weitenau/Kleinweiler-Hofen
Info: Freizeitpark Allgäu, Zur Eisenschmiede 1-3, 87480 Weitenau/Kleinweiler-Hofen.

Augsburger Zoo

Auf einem ca. 22 Hektar großem Gebiet findet der Besucher vom Indischen Elefanten bis zum Australischen Känguruh über 390 Arten mit 2000 Tieren. Zu den Attraktionen des Zoos zählen die Tropenhalle mit einem Biotop der südlichen Kontinente, Schaubrüter für Vögel, Elefantendressuren, Streichelzoo mit Mini-Bahn und die Robben-Schaufütterung. Ein Besuch in der Zooschule rundet den Ausflug ab.
Öffnungszeiten: Ab 8.30 bis von Oktober - März 17.00 Uhr, April/Mai/September 18.00 Uhr, Juni - August 18.30 Uhr.
Info: Zoo Augsburg GmbH, Brehmplatz 1, 86161 Augsburg.

Schloss Neuschwanstein

Sehenswertes in der Region:

Das Städchen Schongau, auch das "Tor zum Pfaffenwinkel" genannt, besticht durch seine vollständig erhaltene Stadtmauer, die zwischen dem 15. und 17. Jahrhundert errichtet wurde.
Bei Oberstdorf findet man eine besondere Naturattraktion, die 90 Meter tiefe und 1,5 km lange Schlucht der Breitach.
Die Nebelhornbahn führt direkt von Oberstdorf auf die Bergstation. Über einen Wanderweg erreicht man nach ca. 1 Stunde den 2224 Meter hohen Gipfel des Nebelhorns. Von dort hat man einen herrlichen Panoramablick über die Allgäuer Alpen.
Das Öko-Modell Hindelang gilt als echter Geheimtipp. Es zeigt den Besuchern vor Ort eine umweltfreundliche Bewirtschaftung der traditionellen Bergwirtschaft. Außerdem gibt es eine Erlebnis-Sennerei mit Käseseminar, Kutschfahrten, Brotbacken sowie einer Kurabteilung.
Die Falknerei Bad Wörishofen bietet täglich Flugvorführungen von 200 Adlern, Falken, Geiern und Kondoren. Die Falknerei betreibt auch eine Eulen- und Greifvogelzucht sowie eine Krankenstation für verletzt aufgefundene Tiere.
Neuschwanstein, das Märchenschloss Ludwigs II., erreicht man von Schwangau nur über einen Fußweg oder per Pferdekutsche. Es ist immer noch das absolute Touristische Highlight des Allgäus.

Niederbayern Holledau

Zwischen Donau und Isar

Tipp: Schöne Angelreviere an der Isar und ihren Staustufen.

Angleridyll

Südöstlich von München gelegen, zwischen Ingolstadt über Straubing bis Passau, liegt das Gebiet der bis zu 30 km breiten Donauniederung und des Tertiärhügellandes von Niederbayern.

Zur Stromniederung der Donau fließen zahlreiche Flüsse über die sanft abfallende Platte des Tertiärhügellandes. Die Isar, die Laaber, die Vils und die Rott mit ihren zahlreichen Nebenflüssen sind den meisten Anglern bekannt. Der mächtigste Nebenfluss ist jedoch der in Passau mündende Inn.

Freunde eines guten Bieres schätzen in Niederbayern die Region Holledau (Hallertau). In diesem weltweit bekannten Hopfenanbaugebiet wird schon seit über 1100 Jahren der berühmte Gerstensaft gebraut. In Niederbayern findet der Besucher eine Landschaft der pittoresken Kleinigkeiten. Gotische Kirchen, barocke Schlösser, romantische Burgen, gemütliche Wirtshäuser, einsame Bauernhöfe und die vielen traditionellen Feste stehen im Mittelpunkt eines jeden Urlaubs.

Waller im Bierteig

Zubereitung:
Das Mehl in eine große Schüssel sieben und in der Mitte eine Mulde formen, dann nach und nach das kalte Bier unterschlagen.
Die gewaschenen Wallerfilets trockentupfen, pfeffern, salzen und mit Zitronensaft beträufeln.

Anschließend in Mehl wenden und in den Bierteig tauchen.
Portionsweise in dem heißen Butterschmalz goldbraun ausbacken.
Auf Küchenpapier lässt man die frisch ausgebackenen Stücke vom Butterschmalz abtropfen.

Dazu kann man sehr gut einen hausgemachten Kartoffelsalat mit Salatgurke und Remouladensauce reichen.

Zutaten:

(für 4 Personen)	
4	Wallerfilets
0,25 l	Bier, am besten ein dunkles Bier
150 g	Mehl
125 g	Butterschmalz
1/2	Zitrone
	Pfeffer
	Salz

Empfehlung:
ein frisches würziges Bier

Gewässerinformationen

1

Donau bei Ingolstadt

Fischvorkommen:
Aal, Hecht, Zander, Karpfen, Schleien, Barsch, Wels/Waller, Forellen, Äschen, Huchen, Sterlet, Weißfische.
Ausgabestelle:
Fischerei-Zentrale Ingolstadt, Friedrich-Ebert-Str. 76, 85055 Ingoltadt/Donau.
Fangbestimmungen:
2 Edelfische pro Angeltag. Angelzeit 1 Stunde vor Sonnenaufgang
bis 1 Stunde nach Sonnenuntergang.
Angeltipp:
An den Staustufen befinden sich die besten
Angelplätze.

Eitensheim · Geimersheim · Adelschlag · Nassenfels · **Ingolstadt** · Kösching · 16a · Marxheim · Bergheim · Vohburg · **Donau** · **Neuburg** · 16 · 16 · Oberhausen · Kempesee · Manching · Ehekirchen · Ebenhausen · 300 · Berg i.G.

2

Kempesee

Fischvorkommen:
Aal, Hecht, Zander, Karpfen, Schleien, Barsch, Graskarpfen, Weißfische.
Ausgabestelle:
Fischerei-Zentrale Ingolstadt, Friedrich-Ebert-Str. 76, 85055 Ingoltadt/Donau.
Fangbestimmungen:
2 Edelfische pro Tag
Angeltipp:
Guter Karpfenbestand.

3

Donau bei Kelheim

Fischvorkommen:
Aal, Hecht, Zander, Karpfen, Schleien, Barsch, Wels/Waller, Forellen,
Äschen, Huchen, Sterlet, Weißfische.
Fangbestimmungen:
3 Karpfen, 1 Raubfisch pro Angeltag, restliche Fischarten ohne
Beschränkung.
Angeltipp:
Kapitale Waller werden mit totem Köderfisch gefangen.

Nittenau · Maxhütte-Haidorf · 15 · **Regen** · Roßbach · Zell · Falkenstein · **Regenstauf** · 16 · Brennberg · Lappersdorf · **Regensburg** · Painten · 8 · AK Regensburg · Ihrlerstein · **Kelheim** · Welten-burg · **Donau** · Saal · 93 · 16 · Neustadt · Münchmünster · Abensberg

4

Regen

Fischvorkommen:
Aal, Hecht, Zander, Karpfen, Schleien, Barsch,
Waller, Forellen, Äschen, Weißfische.
Fangbestimmungen:
3 Karpfen, 1 Raubfisch pro Angeltag,
restliche Fischarten ohne Beschränkung.
Angeltipp:
Guter Hechtbestand.

Gewässerinformationen

Isar

Fischvorkommen:
Aal, Hecht, Zander, Karpfen, Schleien, Barsch, Waller, Forellen, Äschen, Nasen, Brassen, Weißfische.
Fangbestimmungen:
2 Hechte oder 2 Zander, 3 Forellen oder 3 Äschen, 3 Karpfen, 3 Nasen, 7 Brassen, restliche Fischarten ohne Beschränkung.
Angeltipp:
Die Isar ist hier ein schönes Forellenrevier.

Isarstaustufe

Fischvorkommen:
Aal, Hecht, Zander, Karpfen, Schleien, Barsch, Waller, Forellen, Äschen, Nasen, Brassen, Weißfische.
Fangbestimmungen:
2 Hechte oder 2 Zander, 3 Forellen oder 3 Äschen, 3 Karpfen, 3 Nasen, 7 Brassen, restliche Fischarten ohne Beschränkung.
Angeltipp:
Guter Bestand von Zander und Karpfen.

Vilstalsee

Fischvorkommen:
Aal, Hecht, Zander, Karpfen, Schleien, Barsch, Waller, Nasen, Brassen, Weißfische.
Fangbestimmungen:
1 Raubfisch, 2 Karpfen, 2 Schleien pro Tag, restliche Fischarten ohne Beschränkung.
Angeltipp:
Hier am Stausee der Vils werden gute Karpfen und Schleien gefangen.

Weitere Top-Angelreviere:

Große Laber bei Rottenburg, Fischvorkommen: Aal, Hecht, Zander, Barsch, Forellen, Karpfen, Schleien, Weißfische.
Fangbestimmungen: 3 Karpfen, 2 Hechte, 2 Forellen und 5 Fische anderer Art pro Angeltag. Nur 1 Rute auf Raubfisch. Angelsaison 01.05. bis 30 09. 1 Stunde vor Sonnenaufgang bis 1 Stunde nach Sonnenuntergang.

Altmühl/ Main-Donau-Kanal, Fischvorkommen: Aal, Hecht, Zander, Barsch, Karpfen, Schleien, Wels/Waller, Weißfische. Fangbestimmungen: 3 Edelfische pro Angeltag, davon aber nur 2 Raubfische. 1 Sunde vor Sonnenaufgang bis 1 1/2 Stunden nach Sonnenuntergang.

Amper bei Moosburg, Fischvorkommen: Aal, Hecht, Zander, Forellen, Äschen, Barsch, Karpfen, Schleien, Wels/Waller, Weißfische.
Fangbestimmungen: 1 Rute, 3 Salmoniden, 3 Karpfen, 1 Hecht pro Angeltag. Angelzeiten: 1 Stunde vor Sonnenaufgang bis 1 1/2 Stunden nach Sonnenuntergang.

Abens bei Kehlheim, Fischvorkommen: Forellen, Aal, Hecht, Zander, Barsch, Karpfen, Schleien, Weißfische.
Fangbestimmungen: 3 Edelfische pro Angeltag. 1 Stunde vor Sonnenaufgang bis 1 1/2 Stunden nach Sonnenuntergang.

Touristische Informationen

Angeln im Fluss

Tiergarten Straubing

Aus einem Stadtpark entstand 1937 ein 20 Hektar großes Zoogelände. Hier sind in sieben interessanten Aquarien alle Donaufischarten, von der Quelle bis zur Mündung, zu sehen. In großzügig angelegten Gehegen und offenen Weiden leben über 1000 Säugetiere, Reptilien, Vögel und Fische. Besonderen Wert legt der Tierpark auf den Erhalt alter heimischer Haustierrassen. Für die Kinder ist ein großer Streichelzoo eingerichtet.
Öffnungszeiten: Im Sommer ab 8.30 bis 19.00 Uhr, im Winter 10.00 Uhr bis zur Dunkelheit.
Anfahrt: Von Regensburg die A 3 bis Abfahrt Straubing Nummer 106.

Bayern-Park

Auf 250.000 Quadratmetern können sich Kinder und Erwachsene stundenlang aufhalten und dabei viel erleben: ob Kettenkarussell, Riesenrad, Schweinchenbahn und Elektro-Scooter, Schaukelschiff und Mississippi-Dampfer, Bayerns größte Trampolin-Anlage, ein Wildpark mit Schutzhütte und Waldlehrpfad. Ja sogar einen 12.000 Quadratmeter großen Fischteich findet man dort. Für die Sommerrodelbahn und einige andere Fahrzeuge muss man allerdings zusätzlich bezahlen.
Öffnungszeiten: Von Ostern bis 18. Oktober von 9.00 Uhr bis 18.00 Uhr.
Info: Bayern-Park, Fellbach 1, 94419 Reisbach.

Freilichtmuseum Massing

1965 von der Gemeinde Massing gegründet, ist dieses 10 Hektar große Museumsdorf mit über 25 typischen Höfen und Häusern mit viel Schnitzwerk und Bemalung aus Niederbayern eine der Hauptattraktionen in dieser Region. Es gibt ständige Sonderausstellungen und Veranstaltungen.
Öffnungszeiten: Von April-September 9.00 bis 18.00 Uhr, März und Oktober 9.00 bis 17.00 Uhr, November 12.00 bis 16.00 Uhr. Montags außer an Feiertagen geschlossen.
Info: Freilichtmuseum Massing, Steinbüchl 5, 84323 Massing.

Regensburg

Einst römisches Lager, heute eine einzigartig erhaltene mittelalterliche Großstadt und Zentrum Ostbayerns. Die Reste der römischen Vergangenheit sieht man heute noch in dem damals mächtigen Kastell „Castra Regina". Die bayerischen Herzöge machten Regensburg zu ihrer ersten Hauptstadt und von der damaligen bedeutenden Bischofsstadt ging im 9. Jahrhundert die Christianisierung des Ostens aus. Besonders sehenswert sind der Dom St. Peter, das alte Rathaus mit dem historischen Reichssaal, die Steinerne Brücke, die Kirchen St. Emmeran und St. Jakob. Weiterhin sind das Historische Museum und Reichstagsmuseum, das Keppler Gedächtnishaus, die Staatsgalerie Regensburg, das Römermuseum, das Diözesanmuseum St. Ulrich und das Domschatzmuseum sehr zu empfehlen.

Straubing

Die Stadt liegt mitten im fruchtbaren Schwemmland der Donau und hat als Wahrzeichen den weithin leuchtenden Stadtturm mit seinen fünf grünen Spitzen, inmitten des 600 Meter langen Stadtplatzes. Im Gäubodenmuseum, einem ehemaligen Patrizierhaus, befindet sich der weltberühmte 1950 entdeckte „Römische Schatzfund". Als Geheimtipp gilt das jährliche Gäubodenfest in Straubing. Es ist nach dem Oktoberfest in München das zweitgrößte Volksfest in Bayern. Verbunden mit diesem Volksfest, Mitte August, ist auch die Ostbayernschau. Hier präsentieren sich Handwerk und Gewerbe der Region.

Landshut

Die Altstadt von Landshut ist so originalgetreu erhalten, dass man glaubt, im Mittelalter zu sein. Der langgestreckte Straßenmarkt mit den alten Patrizierhäusern ist wunderschön und zeigt Perlen der Baukunst der damaligen Zeit. Die Stadtresidenz mit den prunkvollen Innenräumen im Stil der italienischen Renaissance ist nördlich der Alpen wohl einzigartig und ist ein Museum mit altdeutschen Gemälden.
Sehenswert sind auch die St. Martinskirche mit dem höchsten Backsteinturm der Welt und natürlich die hoch über der Stadt liegende Burg Trausnitz.

Touristische Informationen

Passau

Das „bayerische Venedig", wie Passau im Volksmund auch genannt wird, liegt am Flüssedreieck Donau, Inn und Ilz. Hier ist der Ausgangspunkt für die Personenschifffahrt auf der Donau (stromabwärts bis zum Schwarzen Meer). Hoch über der Stadt auf dem Keil zwischen Donau und Ilz thront die „Veste Oberhaus". Heute befindet sich in ihr ein Stadtmuseum mit reichen Schätzen und einer bedeutenden Kunstsammlung und einem herrlichen Blick auf Passau.

Sehenswert vor allem der Dom St. Stephan mit seinen drei Turmhauben und der größten Kirchenorgel der Welt, am Domplatz das Lamberg-Palais, die Wallfahrtskirche Mariahilf, die Pfarrkirche St. Paul und das Rathaus mit seinen Historiengemälden. Im Patrizierhaus „Wilder Mann" befindet sich das Passauer Glasmuseum. Hier nächtigte einst Kaiserin Sissy vor ihrer Hochzeitsfahrt nach Wien.

Sehenswertes in der Region:

Die Stadt Kelheim liegt im Mündungsdreieck der Altmühl und der Donau. Hier findet der Besucher das bedeutsame Archäologische Museum in dem spätgotischen Herzogskasten (15. Jh.) an der Ledergasse.

Die Benediktinerabtei Weltenburg vor den Toren Kelheims am Donaudurchbruch ist Bayerns ältestes und berühmtestes Kloster (7. Jahrhundert).

Das Tor zur Hallertau ist das heutige Abendsberg, das sich sein mittelalterliches Stadtbild bewahrt hat. Die spätgotische Pfarrkirche St. Barbara ist mit schönen Rokoko-Figuren ausgestattet. Vom Schloss aus dem 13. Jahrhundert sind noch die Reste der Ringmauer und Türme zu sehen.

Das Schloss Bruckberg gehörte zu den wichtigsten Burgen in Bayern. Der Burgfried ist romantisch, Innenhof und Arkaden präsentieren sich im Renaissance-Stil. In der Schlosskapelle befinden sich prächtige Deckengemälde.

In Nandelstadt gibt es einen der schönsten Maibäume der Hallertau. Am 3. Wochenende im Juli findet hier das große Hopfenfest statt.

Freising ist nach Regensburg die älteste Stadt Bayerns. Wahrzeichen ist der 1205 geweihte Mariendom. Die Vergangenheit von Freising ist eng mit Weihenstephan verbunden. Führungen durch die älteste Brauerei der Welt ist nach Vereinbarung möglich. (Tel.: 0 81 61/30 21)

In Mainburg ist der Stadtplatz mit dem historischen Rathaus (1756) von besonderer Schönheit. Malerisch sind die Liebfrauenkirche und der Marienbrunnen von 1766.

Im Ortsteil Oberlauterbach von Pfaffenhausen ist das mächtige Wasserschloss aus dem 18. Jahrhundert zu bewundern.

Oberbayern
Bayerische Alpen

Zu Bayerns schönsten Seen

Tipp: Im Walchensee mit Hegene auf Renken.

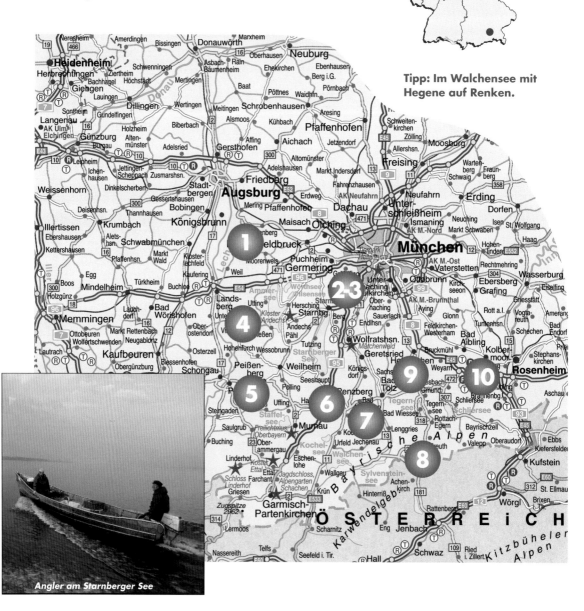

Angler am Starnberger See

Entlang der Grenze zu Österreich, zwischen Füssen und Kufstein liegen die Bayerischen Alpen mit Deutschlands höchstem Berg, der Zugspitze. Sie erhebt sich majestätisch über dem Werdenfelser Land.

Für den Angler gibt es wohl kaum ein schöneres Urlaubsziel als das in der Voralpenregion zwischen Lech und Inn. Ob der bekannte Starnberger See, der Ammersee oder die Gebirgsseen, wie Walchensee und Kochelsee, die wie glitzernde Juwelen zu Füßen der Alpen liegen, laden den Angler ein.

Kaum eine andere Landschaft bietet so mannigfaltigste Ausflugsziele. Die eindruckvollsten Felslandschaften findet man im Wettersteingebirge mit der 2963 Meter hohen Zugspitze als höchsten Gipfel Deutschlands sowie in dem wild zerrissenen Karwendelgebirge.

Die Voralpenregion, zu der die Ammergauer Alpen, die anmutige Tegernseeer Berge und die Schlierseeer Berge gehören, gestattet prächtige Waldwanderungen, leichte Gipfelbesteigungen und lohnende Rundsichten auf Seen und Hochgebirge.

Ammersee Renken

Zubereitung:

Sauce Hollandaise:
Essig zum Kochen bringen, Pfefferkörner, Schalotte, Lorbeerblatt und Petersilie hineingeben. Hitze drosseln und alles leicht verkochen. Flüssigkeit durch ein Passiersieb oder Kaffeefilter sieben, dann abkühlen lassen. In einer kleineren Schüssel das Eigelb verrühren und diese in einen größeren Topf stellen. Für das Wasserbad muss das Wasser kurz vor dem Siedepunkt gehalten werden.

Mit einem Schneebesen die gesiebte Flüssigkeit langsam unter die Eier rühren - nicht schlagen. Erst wenn die Sauce bindet, darf mit dem Schneebesen gearbeitet werden. Jetzt werden 2 EL Butter untergeschlagen. Dann die Schüssel aus dem Wasserbad nehmen und die restliche Butter zufügen, bis die Sauce Glanz und eine gleichmäßige Farbe hat. Jetzt noch mit Pfeffer, Salz und Zitronensaft abschmecken. Die Renkenfilets waschen, trockentupfen, mit Pfeffer und Salz leicht würzen, erst im Ei und dann in Semmelbrösel wenden.

Auf beiden Seiten je 5 Minuten in Butter goldbraun braten.

Als Beilage wird Reis gereicht.

Zutaten:	
(für 4 Personen)	
4	**Renkenfilets**
1	**Ei**
	Semmelbrösel
	Pfeffer und Salz
Sauce Hollandaise:	
3 El	**Weinessig**
4	**Pfefferkörner**
2 El	**Schalotte, gehackt**
1	**kleines Lorbeerblatt**
2 El	**gehackte Petersilie**
3-4	**Eigelb**
200 g	**flüssige Butter**
1/2	**Zitrone**
	weißer Pfeffer

Empfehlung:
dazu einen 1996-er
Rüdesheimer
Magdalenenkreuz Kabinet
aus dem Rheingau

Gewässerinformationen

1

Ammersee

Fischvorkommen:
  Aal, Hecht, Zander, Barsch, Schleien, Karpfen, Saiblinge, Wels/Waller, Renken, Seeforellen, Weißfische.
Ausgabestelle:
  In Jedem Ort am Ammersee sind bei Berufsfischern, am Kiosk und am Bootsverleih Gastkarten erhältlich.
Fangbestimmungen:
  3 Renken, 3 Forellen oder 3 Saiblinge pro Tag, restliche Fischarten ohne Beschränkung.
  Vom 01.05. - 15.10. von 6.00 Uhr bis 1,5 Stunden nach Sonnenuntergang.
  Vom 16.10. - 31.12. von 8.00 Uhr bis 1 Stunde nach Sonnenuntergang.
  Vom 01.01. - 30.04. von 8.00 Uhr bis 1,5 Stunden nach Sonnenuntergang.
Angeltipp:
  Am Ammersee wird mit kleinen Spinnern, am besten vom Boot aus, erfolgreich gefischt.

2

Wörthsee

Fischvorkommen:
  Aal, Hecht, Zander, Barsch, Schleien, Karpfen, Saiblinge, Wels/Waller, Renken, Seeforellen, Weißfische.
Fangbestimmungen:
  3 Edelfische pro Tag, restliche Fischarten ohne Beschränkung.
Angeltipp:
  Der Wörthsee ist ein ausgezeichnetes Karpfengewässer.

3

Pilsensee

Fischvorkommen:
  Aal, Hecht, Zander, Barsch, Schleien, Karpfen, Saiblinge, Wels/Waller, Renken, Seeforellen, Weißfische.
Fangbestimmungen:
  3 Edelfische pro Tag, restliche Fischarten ohne Beschränkung.
Angeltipp:
  Mit totem Köderfisch werden immer wieder kapitale Waller gelandet.

4

Starnberger See

Fischvorkommen:
  Aal, Hecht, Zander, Barsch, Schleien, Karpfen, Saiblinge, Wels/Waller, Renken, Seeforellen, Weißfische.
Fangbestimmungen:
  4 Edelfische pro Tag, restliche Fischarten ohne Beschränkung.
Angeltipp:
  Traumrevier für Hechtangler.

Gewässerinformationen

Staffelsee

Fischvorkommen:
Aal, Zander, Hecht, Barsch, Schleien, Karpfen, Renken, Weißfische.
Ausgabestelle:
Gastkarten gibt es am Bootsverleih in Seehausen.
Fangbestimmungen:
2 Hechte oder 2 Zander pro Tag, restliche Fischarten ohne Beschränkung.
Angeltipp:
Den größten Erfolg erzielt man mit der Schleppangel und Wobbler (Rapalla) auf kapitale Hechte und Zander.

Kochelsee

Fischvorkommen:
Aal, Hecht, Barsch, Saiblinge, Renken, Seeforellen,
Forellen, Weißfische.
Fangbestimmungen: 4 Edelfische pro Angeltag.
Angeltipp:
Der Kochelsee ist bekannt für seine schönen Seeforellen, die
mit kleinen Blinkern überlistet werden.

Walchensee

Fischvorkommen:
Aal, Hecht, Barsch, Saiblinge, Renken, Forellen, Weißfische.
Fangbestimmungen:
4 Saiblinge, 5 Renken am Tag, restliche Fischarten ohne Beschränkung.
Angeltipp:
Am Walchensee werden in großen Tiefen mit Hegene Renken gefangen.

Sylvensteinsee

Fischvorkommen:
Aal, Hecht, Zander, Schleien, Saiblinge, Seeforellen,
Weißfische.
Fangbestimmungen:
1 Rute, 3 Edelfische pro Angeltag, restliche Fischarten
ohne Beschränkung. Anfüttern mit Mais ist verboten,
Bootsangeln ist erlaubt.
Angeltipp:
Schöne Seeforellen werden mit kleinen Spinnern oder
Blinkern gefangen.

Gewässerinformationen

 9

Tegernsee

Fischvorkommen:
Aal, Hecht, Barsch, Saiblinge, Renken, Forellen, Weißfische.
Fangbestimmungen:
Keine, Bootsangeln erlaubt.
Angeltipp:
Sehr gutes Hechtrevier.

 10

Schliersee

Fischvorkommen:
Aal, Hecht, Barsch, Saiblinge, Renken, Seeforellen, Forellen, Weißfische.
Fangbestimmungen:
3 Saiblinge, 3 Forellen, 3 Schleien, 3 Karpfen, 1 Zander, 1 Seeforelle, 10 Renken, Aal und Hecht frei.
Angeltipp:
Am Schliersee angelt man am besten vom Boot aus. Bootsverleih im Ort.

Anglersee mit Alpenpanorama

Touristische Informationen

mmersee bei Utting

Märchenwald im Isartal

Bei Wolfratshausen, in einer der beliebtesten Ausflugsregionen im Isartal, liegt dieser wunderschöne Freizeitpark. 52 Märchenszenen mit insgesamt 260 sprechenden und beweglichen Figuren, wahlweise in Deutsch oder Englisch, erzählen ihre Geschichte.

Nach der "Märchenstunde" kann man natürlich eine Menge andere Freizeitpark-Angebote erleben und nach Herzenslust *SPIELEN-FAHREN-RUTSCHEN*.

Öffnungszeiten: 9.00 bis 18.00 Uhr. Ab 1 Woche vor Ostern bis Mitte Oktober. Einlass bis 16.30 Uhr.

Info: Märchenwald im Isartal, Kräuterstr. 39, 82515 Wolfratshausen.

Anfahrt: A 95 München - Garmisch Partenkichen, Ausfahrt Wolfratshausen (Nr. 5) auf die B 11a bis Abfahrt Gewerbegebiet Farchet.

Freilichtmuseum Glentleiten Oberbayern

Vor einer malerischen Kulisse, nördlich des Kochelsees, findet der Besucher dieses wunderschöne Museumsdorf. Die oberbayerischen Bauernhöfe sind originalgetreu eingerichtet, und in den historischen Werkstätten erlebt man die alte Handwerkskunst aus vielen Jahrhunderten.

Öffnungszeiten: April bis Oktober, Dienstags bis Sonntags von 9.00 bis 18.00 Uhr

Info: Freilichtmuseum des Bezirks Oberbayern an der Glentleiten, 82439 Großweil.

Anfahrt: A 95 München - Garmisch Partenkichen bis Abfahrt Murnau/Kochel, von dort Richtung Schlehdorf.

Tierpark Hellabrunn

Im Süden von München liegt inmitten der idyllischen Isarauen der erste "Geo-Zoo" der Welt. Auf einer Fläche von 36 Hektar, die von zahlreichen Wasserläufen durchzogen wird, leben etwa 400 Arten mit ca. 5000 Tieren. Die Hauptattraktionen sind: das Dschungelzelt mit Raubkatzen und exotischen Vögeln, die Großvoliere, das alte Elefantenhaus, die "Villa Dracula", der Kinder- und Streichelzoo. Zuchtgruppen der Przewlski-Urweltpferde und Mhorr-Gazellen, mesopotanische Damhirsche, Abruzzengemsen, Schneeziegen, Takine, Pinselohrschweine und viele andere, seltene und bedrohte Arten. Als zusätzliche Angebote: Reitbahn mit Haflinger, Spielplatz, Eisenbahn, Karussell, wackelige Abenteuerbrücke, Restaurant, Biergarten, Pizzeria, Rollstuhlverleih, Wickelräume. Im Winter Pinguinspaziergang.

Info: Münchner Tierpark Hellabrunn, Tierparkstr. 3o, 81543 München.

Öffnungszeiten: Ganzjährig geöffnet, 8.00 bis 18.00 Uhr April bis September, 9.00 bis 17.00 Oktober bis März.

Anfahrt: Über 2. Ring der Beschilderung folgen.

Bavaria Filmtour

Auf einer Fläche von 320.000 m², erlebt der Besucher einen spannenden Blick hinter die Kulissen der Bavaria-Filmstadt Geiselgasteig. Hauptattraktionen sind: Fabelwesen aus „Die unendliche Geschichte", das Original- U-Boot des Films „Das Boot" und viele Highlights aus Film und Fernsehen.

Info: Bavaria Filmtour, Bavariafilmstr. 7, 82031 Geiselgasteil.

Öffnungszeiten: 9.00 bis 16.00 Uhr, von 1. März bis 31. Oktober, 10.00 bis 15.00 1. November bis 28. Februar.

Sehenswertes der Region:

In Starnberg starten Schiffsrundfahrten von einer bis drei Stunden Dauer. An Bord gibt es Spielplatz-Ecken für Kinder.

Hoch über dem Ammersee liegt die weltberühmte Benediktinerabtei Kloster Andechs.

Das Freizeitbad Oberammergau ist vor wunderbarer Kulisse der Alpen gelegen und auch Europas erstes Rundwellenbad.

Das Schloss Linderhof bei Oberammergau ist das romantische Schloss von Ludwig dem II..

Das im üppigen Barock erbaute Kloster Ettal im Süden von Oberammergau ist besonders sehenswert.

In Mittenwald findet man das Geigenbaumuseum, ein durch die vielen Fassadenmalereien wünderschönes Ortsbild, die barocke Pfarrkirche St. Peter und Paul. Von Mittenwald aus fährt man mit der Karwendelbahn auf die westliche Karwendelspitze (2385 Meter) oder mit dem Sessellift zum 1391 Meter hohen Hoher Kranzberg. Besonders interessant ist auch die Schlucht der Leutaschklamm.

Garmisch Partenkirchen bietet dem Besucher das Werdenfelser Heimatmuseum und das Alpspitz-Wellenbad.

In Grainau ist das Zugspitzbad. Grandios die Partnachklamm (3 km südöstlich) und die Höllentalklamm (6 km südwestlich). Mit der Zugspitzbahn fährt man von Grainau aus auf Deutschlands höchsten Berg, wo man das Schneeferner- und das Münchner Haus findet.

Ein echter Geheimtipp in dieser Region ist der nur über einen Fußweg von Elmau zu erreichende Alpengarten Schachen, direkt vor dem Jagdschloss des Märchenkönigs Ludwig II..

München

Weltstadt mit Herz

Frauenkirche

Nordwestlich vom Marienplatz erhebt sich das Münchner Wahrzeichen , die Frauenkirche mit ihren charakteristischen Türmen. Die große dreischiffige Backstein-Hallenkirche ist 1468 bis 1488 nach Plänen von Jörg von Halspach errichtet worden. Die schönen Glasgemälde (14. - 16. Jhd.) im Chor beeindrucken jeden Besucher. Bemerkenswert sind vor allem auch die Sakramentskapelle mit Bildwerken des Memminger Altars (um 1500) sowie das aus dunklem Mamor bestehende Grabmonument für Kaiser Ludwig den Bayern, das Hans Krumper im 17. Jhd. geschaffen hat.

Von der Ausichtsplattform des Südturms kann man einen schönen Blick über die Stadt genießen.

Touristische Informationen

arienplatz

München
Zur Stadt

Sie liegt am Rande der bayerischen Alpen, man sagt im Zentrum Europas, und hat über 1,3 Millionen Einwohner. Die Gesamtfläche der Stadt beträgt ca. 310 Quadratkilometer und der höchste Punkt liegt bei 579 Meter über Normal Null.

Im Jahre 1158 wurde München erstmalig erwähnt, die Beurkundung als Stadt (civitas) erfolgte im Jahr 1214. Im Jahre 1632 wird München von König Gustav Adolf von Schweden im 30-jährigen Krieg besetzt. Unter König Ludwig I. - er regierte von 1825 bis 1848 - entstanden die berühmte Bauwerke wie die Glyptothek, Alte- und Neue Pinakothek, Residenzbauten, die Feldherrnhalle, das Siegestor und viele andere. München wurde somit zu einem der wichtigsten Kulturzentren Europas. Die Isar, die auf 14,1 Kilometer durch das heutige Stadtgebiet fließt, war immer schon ein touristischer Anziehungspunkt.

adespaß an der Isar

Floßfahrt auf der Isar

München - Bierstadt der Welt, Weltstadt des Bieres

Großstädtisches Flair und ländlicher Charme, Kunstschätze, Brauchtum und Hightech: Diese ganz spezielle „München-Mischung" hat der bayerischen Landeshauptstadt zu Weltruf verholfen. Den I-Punkt auf ihre Popularität setzt jedoch der Stoff, den man überall auf der Welt mit München verbindet: das Bier!

München ist zweifellos international die Biermetropole Nummer 1. Das Oktoberfest, ein Fest des Münchner Bieres und eines der Markenzeichen der Landeshauptstadt, ist auf der ganzen Welt ein Begriff. Nicht umsonst gibt es auf dem ganzen Globus verteilt über 3.000 „Schwester"- Oktoberfeste. Und wer träumt dabei nicht, irgendwann im Leben das Original in München zu erleben oder zumindest das „Bier-Mekka" einmal zu besuchen. Gelegenheiten, Münchner Bierfreuden zu genießen, gibt es an der Isar das ganze Jahr über.

Starkbierzeit- Anstich auf dem Nockherberg

In München gilt sie als „fünfte Jahreszeit", die Starkbierzeit im März. Zu verdanken ist sie den Mönchen, die in den Klöstern zu dieser Jahreszeit ein kräftiges, nahrhaftes Bier brauten, um die Fastenzeit unbeschadet zu überstehen. Der Genuss des „Fastenbiers" galt nicht als Sünde: „Flüssiges bricht Fasten nicht". Die Tradition des Starkbieres lebt bis heute fort. Während der Märzwochen wird in allen Brauerei-Gaststätten Starkbier ausgeschenkt; Musik und festliche Veranstaltungen stehen auf dem Programm. Den Auftakt zum Starkbieranstich macht alljährlich die feucht-fröhliche"Salvator-Polit-Show" auf dem Nockherberg, bei der „Bruder Barnabas" über die Häupter der Mächtigen gehörigen Spott und manche Bissigkeit ausgießt.

Neben dem Anstich des „Salvators", des Starkbiers der Paulaner Brauerei, auf dem Nockherberg ragt noch ein anderes Spektakel heraus: Im Löwenbräukeller treten starke Männer aus ganz Bayern zu einem Steinhebewettbewerb an, um ihre Kräfte

Touristische Informationen

Marienplatz

zu messen am 508 Pfund schweren Stein des legendären Steyrer Hans. Mit dem bloßen Mittelfinger soll er den mächtigen Steinklotz gehoben haben. Passend dazu der Name des Löwenbräu Starkbiers, „Triumphator".

Übrigens, auch bei den anderen Münchner Brauereien enden die Namen der süffigen Starkbiersorten auf „ator": „Maximator" bei Augustiner, „Optimator" (nur für den Export) bei Spaten und „Delicator" bei Hofbräu.

Geschichte des Münchner Biers

Schon bald nach der Stadtgründung Münchens (1158) durch den Welfen-Herzog Heinrich den Löwen von Braunschweig kamen die Wittelsbacher an die Macht (1180). Sie machten München zur Residenzstadt (1255) und erkannten rasch, wie wichtig das „pir" für die Steuerkassen der Stadt , aber auch für die eigenen Taschen war. Die Braurechte vergaben nur die Herrschenden.

Das Brauen selbst war Sache der Mönche. Die Augustiner - auf sie ist Münchens älteste noch existierende Brauerei zurückzuführen - machten sich bereits 1328 ans Werk. Damals floss das Bier beim Volk schon reichlich. Um gewinnsüchtigen Panschern von vornherein das Handwerk zu legen, setzte Herzog Albrecht IV. im Jahre 1487 für die Residenzstadt eine strenge „Bierordnung" fest - also noch vor dem offiziellen „bayerischen Reinheitsgebot", das 1516 durch Herzog Wilhelm IV. erlassen wurde.

Mit der „Münchner Bierordnung" wurde das älteste Lebensmittelgesetz der Welt festgeschrieben. Danach durfte das Bier nur unter Verwendung von Gerste, Hopfen und Wasser gebraut werden. Das Wort Hefe kam im Gebot nicht vor. Ihre Verwendung bei bestimmten Brauprozessen war längst selbstverständlich. Und der Weizen war zu jener Zeit so knapp, dass er für das Brotbacken vorbehalten bleiben musste. Die Münchner Brauer halten sich bis auf den heutigen Tag an den historischen Erlass. Am Brauertag, der bereits im Mittelalter Tradition hatte, schwören die Münchner Brauer feierlich ihren Eid auf das Reinheitsgebot. In den geraden Jahren wird der Brauertag zusammen mit dem Stadtgründungsfest begangen und bietet mit Umzug, Trachtengruppen, Blaskapellen und Brauereikutschen mit ihren prächtigen Pferdegespannen ein Fest für alle Bürger und Gäste Münchens.

Eine eigene Geschichte hat das Münchner Bockbier. Vor rund 450 Jahren wurde es aus der niedersächsischen Stadt Einbeck nach München importiert. Für den weiten Transport musste dieses Bier besonders stark gebraut werden. Ab dem 17. Jahrhundert begann man in München selbst das sehr beliebte Bier nach „Ainpöckischer" (Einbeck'scher) Art zu brauen. Im Volksmund wurde daraus der „Bock". Als „Festbock" wird er in der Adventszeit, als „Maibock" nach der Starkbierzeit gebraut.

Oktoberfest

Oktoberfest

Seinen Ursprung fand das Oktoberfest anno 1810 in den Hochzeitsfeierlichkeiten des Kronprinz Ludwig I. von Bayern, und der Prinzessin Therese von Sachsen-Hildburghausen. Nach ihr ist auch das Festgelände mitten in der Stadt benannt: die Theresienwiese, von den Einheimischen liebevoll zu Wiesn verkürzt und zum umfassenden Begriff für das größte Volksfest der Welt geworden.

Alljährlich in der letzten Septemberwoche verwandelt sich die riesige Fläche zu Füßen der Statue Bavaria bis in den Oktober hinein für 16 turbulente Tage in eine gewaltige „Festwiese" (Beginn des Oktoberfestes immer am vorletzten Samstag im September und Ende am ersten Sonntag im Oktober). Die Wiesn ist ein Fest für alle Sinne, eine fröhliche Mischung aus Schaubuden, traditionellen Karussells, High-Tech-Achterbahnen, Riesenrad und Super-Loopings, kleinen und größeren Verkaufsständen für Schmankerl wie Zuckerwatte, Lebkuchenherzen und gebrannte Mandeln oder für Luftballons, Plüschtiere und andere Souvenirs, und natürlich aus den 14 Festzelten der Münchner Brauereien in der „Wirtsbudenstraße".

Der Bedeutung Münchens als Biermetropole wird auch durch die alle 4 Jahre zur Oktoberfestzeit stattfindende internationale Messe „drinktec-interbrau" Rechnung getragen.

Hofbräuhaus

Ein Markenzeichen Münchens, 411 Jahre alt, sein Name weltberühmt: das ist das Hofbräuhaus. Die Bierfans aller Nationen strömen das ganze Jahr über ins Hofbräuhaus. 5.000 finden zur gleichen Zeit Platz. Seit 1589 steht es am „Platzl" im Herzen der Altstadt und seit 1852 ist der Bayerische Staat der Brauherr. Die Bezeichnung als Brauerei heute lautet „Staatliches Hofbräuhaus in München". Die Sudstätten mussten bereits 1897 wegen des damals schon gewaltigen Besucherstroms vom angestammten Platz verlegt werden. Das Stammhaus, jetzt im Neo-Renaissance-Stil, steht nach wie vor „drunt am Platzl".

Touristische Informationen

Biergärten - Münchner Lebenslust

So lange wie die Sonne es von Frühjahr bis Herbst zulässt, dauert Münchens Biergartenzeit. Rund 180.000 Gästen bieten die 29 traditionellen Biergärten und die zahllosen anderen Freischank-Flächen gemeinsam einen Platz unter freiem Himmel. Zu den größten Biergärten zählen mit 8.500 Plätzen der Hirschgarten und mit 5.000 Sitzplätzen der Augustiner an der Arnulfstraße.

Weitere beliebte Treffpunkte sind die Biergärten auf dem Viktualienmarkt, rund um den Chinesischen Turm im Englischen Garten oder auch die Waldwirtschaft, wo Jazz die Stimmung anheizt.

Die schattigen Kastanien, die zum Biergarten gehören, dienten ursprünglich zur Kühlung der Bierkeller.

Die bayerische Brauordnung verbot das Brauen im Sommer, so musste das Winterbier kühl und in ausreichender Menge gelagert werden. Naheliegend es auch dann gleich an Ort und Stelle zu konsumieren.

Zwar untersagte König Ludwig I. nach Protesten der Gastwirte das Bewirten, aber alles Notwendige, vom Radi bis zum Tischtuch, brachten die Münchner selber mit.

Ein schöner Brauch, der bis heute Bestand hat, auch wenn das Bewirtungsverbot längst vergessen ist.

Seine „Maß Bier" bestellt der Münchner ohne mit der Wimper zu zucken. In den meisten Biergärten (und auf dem Oktoberfest) wird auch nur in 1-Liter-Krügen ausgeschenkt. Nur das Weizenbier wird im 1/2 L-Glas serviert.

Englischer Garten

Das Deutsche Museum

Es liegt auf der Isarinsel und gilt als das größte technische Museum der Welt. Und wahrhaftig: die Schau ist gigantisch! Auf 50.000 qm Ausstellungsfläche zeigen und erklären ungezählte Exponate die Entwicklung von Technik und Naturwissenschaften. Von der Gewinnung der Bodenschätze in einem Bergwerk bis hin zum aktuellen Stand der Weltraumforschung. In 46 Abteilungen ist alles vertreten, was einen Gutteil unseres heutigen Lebens ausmacht. Das erste Telefon aus dem Jahre 1863, das erste Automobil des Gottlieb Daimler oder der Experimentiertisch von Otto Hahn, an dem er die atomare Kernspaltung entdeckt hat: die Faszination der Originale ist unbeschreiblich. Äußerst sehenswert auch die Flugwerft des Deutschen Museums mit 8000 qm Ausstellungsfläche. Dem Deutschen Museum angegliedert ist das Forum der Technik. Das derzeit modernste Planetarium der Welt mit seinen Projektionen aus dem All und das IMAX-Theater, eine der wenigen dreidimensionalen Film-Shows mit 16 x 22 m großer Projektionsfläche, sind gut für aufregende Stunden.

Zurück ins Kleine begegnen wir, wie so oft in München, originellen Privatinitiativen, die einen besonders intimen Reiz ausstrahlen. Das „Karl Valentin Musäum", die Kuriositäten-Schau des absurden Linksdenkers der Münchner Volkssängerszene in den Türmen des 1330 erbauten Isators, ist zu besichtigen. Ebenfalls in einem Turm ist das Spielzeugmuseum mit entzückenden Exponaten. Diese Sammlung von Ivan Staiger hat seine Bleibe im Alten Rathaus am Marienplatz gefunden. Zwischen diesen beiden Museen liegt als weitere originelle Schau das Zentrum für außergewöhnliche Museen, unter anderem mit einem Nachttopf-, Osterhasen- und Tretauto- sowie dem Deutschen Fischereimuseum.

Öffnungszeiten:
Täglich von 9.00 bis 17.00 Uhr, außer:
Neujahrstag, Faschingsdienstag, Karfreitag,
1. Mai, Fronleichnam, 1. November, 24., 25.
und 31. Dezember

Info: Deutsches Museum, Museumsinsel 1,
80538 München.

Deutsches Museum

Chiemgau
Berchtesgadener Land

Vom Chiemsee bis zum Königsee

Tipp: Die Traun, ein tolles Salmonidengewässer.

Steg am Chiemsee

Der Chiemsee, zwischen München und Salzburg im südöstlichen Bayern gelegen, ist mit 82 Quadratkilometer der größte bayerische See.

Bekannte Angelflüsse wie die Alz im Norden, die Tiroler Ache im Süden, die Traun im Osten machen dieses Gebiet um den Chiemsee zum Angelparadies. Der Chiemsee selbst bietet dem Angler Traumreviere, vor allem, wenn es auf kapitale Hechte geht.

Besondere Touristenattraktionen sind natürlich die Fraueninsel und die Herreninsel mit seinem Schloss. Die besten Bademöglichkeiten findet der Besucher am östlichen Ufer des Chiemsees bei Chieming, dessen 6 km langer Strand alle Wasserratten einlädt. Das Städtchen Prien am westlichen Ufer bildet das Zentrum der Chiemseeschifffahrt. Im Ortsteil Stock befindet sich der Hafen, von dem die „Weiße Flotte" zu schönen Ausflügen startet.

Hecht mit Tomatensauce

Zubereitung:
Von einem schönen Hecht schneidet man vier zweifingerbreite Scheiben ab, beträufelt sie mit Zitronensaft und streut etwas Salz und Fondor darüber. Die Scheiben werden hauchdünn mit Mehl gepudert und in der Pfanne mit reichlich Butter auf beiden Seiten

gar gebraten.
Dann schmort man zuerst die Zwiebelringe, dann die geschälten und gewürfelten Tomaten in etwas Olivenöl rasch durch und schmeckt sie mit Salz, Paprika, Curry und einer Prise Zucker sowie dem Sherry und Wein ab.
Auf einer vorgewärmten Platte

serviert man die goldbraunen Hechtschnitten mit den kurz angeschmorten Zwiebelringen und Tomaten.
Dazu schmecken in Butter geschwenkte Pellkartoffeln mit frischer Petersilie.

Zutaten:
(für 4 Personen)

1	großer Hecht
1/2	Zitrone
	Salz
	Fondor
150 g	Buter
50 g	Mehl

Sauce:

8	Tomaten
3 EL	Olivenöl
	Salz
	Paprikapulver
	Curry
1 TL	Zucker
2	kl. Zwiebeln
2 cl	Sherry

Empfehlung:
1998-er Riesling
Ungsteiner Kobnert

Gewässerinformationen

①

Chiemsee

Fischvorkommen:
Aal, Hecht, Zander, Karpfen, Schleien, Barsch, Renken, Seeforellen, Weißfische.
Ausgabestelle:
Kurverwaltung, Haus des Gastes, Prien an Chiemsee.
Fangbestimmungen:
3 Renken pro Tag, restliche Fischarten ohne Beschränkung. Hegene erlaubt!
Angeltipp:
Der Chiemsee gehört in Deutschland zu den besten Hechtgewässern.

②

Langbürgener See

Fischvorkommen:
Aal, Hecht, Zander, Karpfen, Schleien, Barsch,
Renken, Wels/Waller, Seeforellen, Weißfische.
Fangbestimmungen:
2 Hechte oder 2 Zander oder 2 Waller pro Tag.
Angeltipp:
Sehr gutes Raubfischgewässer.

③

Hardtsee

Fischvorkommen:
Aal, Hecht, Zander, Karpfen, Schleien, Barsch, Renken, Wels/Waller, Seeforellen, Weißfische.
Fangbestimmungen:
2 Hechte oder 2 Zander oder 2 Waller pro Tag.
Angeltipp:
Der Hardtsee hat einen guten Bestand an Zander und Waller.

④

Waginger See

Fischvorkommen:
Aal, Hecht, Zander, Karpfen, Schleien, Barsch, Wels/Waller, Weißfische.
Fangbestimmungen:
2 Hechte oder 2 Zander pro Tag. Das Angeln vom verankerten Boot ist erlaubt.
Angelzeiten auf der Gastkarte unbedingt beachten!
Angeltipp: Der Waginger See ist bekannt für seine kapitale Hechte.

Tachinger See

Fischvorkommen:
Aal, Hecht, Zander, Karpfen, Schleien, Barsch, Wels/Waller, Weißfische.
Fangbestimmungen:
2 Hechte oder 2 Zander pro Tag. Das Angeln vom verankerten Boot ist erlaubt.
Angelzeiten auf der Gastkarte unbedingt beachten!
Angeltipp: Der Tachinger See zeichnet sich für seinen guten Raubfischbestand aus.
In den späten Abendstunden gute Zanderfänge.

Touristische Informationen

lick auf die Fraueninsel im Chiemsee

Märchen-& Familienpark Ruhpolding

Schon die traumhaft schöne Lage des Ruhpoldinger Freizeit- und Familienparks lohnt einen Besuch. Die zum Teil mit Wasserkraft angetriebenen Märchenszenen und Darstellungen aus der Sagenwelt begeistern die Zuschauer. Die Attraktionen sind: Märchengruppen, Säge- und Räderwerke aus dem 17. Jahrhundert, ein feuerspeiender Drache, ein Rutschparadies mit Freifall-, Röhren- und Wellenrutschen, eine Bärenhöhle, eine Vogelschule, eine Enzian-Brennerei, das Karussell, bewegliche Dinosaurier, und und und ....

Öffnungszeiten: Ostern bis November von 9.00 bis 18.00 Uhr, Einlass bis 17.00 Uhr.

Anfahrt: Über die A 8 bis Ausfahrt Traunstein-Siegsdorf (Nr. 110), in Ruhpolding Richtung Brand.

Info: Märchen-& Familienpark Ruhpolding, Bärngschwendt 10, 83324 Ruhpolding.

Erlebnispark Marquartstein

Vor allem für Familien mit Kindern ist dieser liebevoll in eine schöne Seen- und Berglandschaft integrierte Märchenpark mit Wildgehege, Streichelzoo und die für ihre 5 Steilkurven bekannte Sommer-Rodelbahn geeignet. Die weiteren Attraktionen sind: Abenteuerspielplatz, Wasserspielgarten, Parkeisenbahn, Trampoline, Autoscooter, Röhrenrutsche, Hüpfburg, Figurenkarussell.

Öffnungszeiten: Ostern bis November von 9.00 bis 18.00 Uhr, Einlass bis 17.00 Uhr.

Anfahrt: Die A 8 bis Ausfahrt Bernau, dort über Grassau bis Marquartstein

Salzbergwerk Berchtesgaden

Mit einer Grubenbahn und in Bergmannstracht fährt man in die faszinierende Welt unter Tage. Über Rutschen und Stollen gelangt man zu dem geheimnisvoll beleuchteten Salzsee (30 x 100 Meter groß), der mit einem Floß überquert wird. Es gibt tägliche Führungen von einer Stunde Dauer, sowie Ausstellungen und Filmvorführungen.

Öffnungszeiten: Vom 01.05. - 15.10. sowie Ostern, täglich von 9.00 bis 17.00 Uhr.

Vom 16.10. - 30.04. werktags (Mo. - Sa.) von 12.30 bis 15.00 Uhr.

Anfahrt: Von Berchtesgaden auf die B 305, Richtung Salzburg

Info: Salzbergwerk Berchtesgaden, Bergwerkstr. 83, 83471 Berchtesgaden.

Sehenswertes in der Region:

Auf Herrenchiemsee, dieser idyllischen Chiemseeinsel, ließ sich Bayerns Märchenkönig Ludwig II. eine Kopie von Schloss Versailles bauen.

Auf Frauenchiemsee steht die dreischiffige Basilika des im 8. Jahrhundert gegründeten Inselklosters. Es ist mit bedeutenden romanischen Wand- und Gewölbemalereien verziert. Die Schiffe der Chiemseeflotte bringen die Besucher zu den berühmten Inseln.

Von Prien nach Stock fährt die historische Chiemseebahn. Sie ist die letzte Dampfstraßenbahn der Welt.

Das Erlebnisbad „Prienavera Prien" bietet Spiel, Spaß und Spannung mit den hier angebotenen Tauchkursen.

In Aschau, im Chiemgau, fährt man mit der Seilbahn auf die Kampenwand, von deren Höhe man bei schönem Wetter einen Panoramablick über die Chiemgauer- und Berchtesgadener Alpen genießen kann.

Von Inzell aus kommt man zu dem Weißbacher Gletschergarten und zu den Weißbachfällen.

Die Schnellenberger Eishöhle ist die größte ihrer Art in Deutschland.

Im Nationalpark Berchtesgarden in der Gemeinde Ramsau liegt der malerische Hintersee, die Wimbachklamm, die berühmte Pfarrkirche, das Wildgatter Klausbachtal und der sogenannte Zauberwald. Deutschlands schönster See und das Herzstück im Nationalpark ist der tiefblaue und 190 Meter tiefe Königsee, herrlich gelegen vor der Kulisse mächtiger Kalkgipfel mit dem Watzmannmassiv.

In Berchtesgaden findet man ein besonderes Erlebnisbad, die Watzmann-Therme. Vom Ortsteil Königsee fährt man mit der Jennerbahn auf den bekannten 1874 Meter hohen Aussichtsberg, von dem man einen herrlichen Blick auf den Königsee und Deutschlands zweithöchsten Berg, den Watzmann, hat (2713 Meter).

Schloss Herrenchiemsee

Verband Deutscher Sportfischer e.V.

Anglerverband Sachsen e.V.
Karl-Heine-Str. 64,
04229 Leipzig
Tel.: 0341/4243216,
Fax.: 0341/4243218
http://www.av-sachsen.de
E-Mail: vdsf-sachsen@t-online.de

LV Berlin-Brandenburg e.V.
Priesterweg 4,
0829 Berlin
Tel.: 030/7820575,
Fax.:030/ 7819866
http://www.vdsfberlinbrandenburg.de
E-Mail : info@vdsfberlinbrandenburg.de

**Landesanglerverband
Mecklenburg-Vorpommern e.V.**
Siedlung 18 a,
19065 Görslow
Tel.: 03860/56030,
Fax.: 03860/560329
http://www.lav-mv.de
E-Mail: lav-mv@t-online.de

**Angelsport-Verband
Hamburg e.V.**
Hansastraße 5,
20149 Hamburg
Tel.: 040/41469310,
Fax.: 040/41469311
http://www.asvhh.de
E-Mail: asvhh@aol.com

LSFV Schleswig-Holstein e.V.
Papenkamp 52,
24114 Kiel
Tel.: 0431/676818,
Fax.: 0431/676810
Internet: http://www.lsfv-sh.de
E-Mail: info@lsfv-sh.de

LFV Weser-Ems e.V.
Mars-la-Tour-Str. 6, (Haus III)
Postfach 2549,
26121 Oldenburg
Tel.: 0441/801335,
Fax.: 0441/81791
http://www.lfv-weser-ems.de
E-Mail: info@lfv-weser-ems.de

**Landesfischereiverband
Bremen e.V.**
*Fachverband für Castingsport, Fischerei
und Gewässerschutz*
Grambker Heerstr. 141,
28719 Bremen
Tel.: 0421/6449994,
Fax: 0421/ 6940224
http://www.lfvbremen.de
E-Mail : info@lfvbremen.de

LSFV Niedersachsen e.V.
Bürgermeister-Stümpel-Weg 1,
30457 Hannover
Tel.: 0511/17304,
Fax.: 0511/17302
http://www.lsfv-nds.net
E-Mail : lsfv.nds@t-online.de

FV Kurhessen e.V.
Kölnische Str. 48-50,
34117 Kassel
Tel.: 0561/780444,
Fax.: 0561/7299369
http://www.fv-kurhessen.de
E-Mail : FV.Kurhessen@t-online.de

**VDSF-Landesverband
Sachsen-Anhalt e.V.**
Bahnhofstr. 1,
39435 Unseburg
Tel.: 039263/31154,
Fax.: 039263/31154

LFV Westfalen und Lippe e.V.
Von-Vincke-Str. 4,
48143 Münster
Tel.: 0251/56618,
Fax.: 0251/42831
http://www.lfv-westfalen.de
E-Mail : info@lfv-westfalen.de

Rheinischer FV von 1880 e.V.
Webersbitze 20,
53804 Much
Tel. u. Fax: 02245/4119
http://www.rhfv.de
E-Mail : info@lfv-nr.de

LFV Rheinland-Pfalz e.V.
Rheinstr. 60,
55437 Ockenheim
Tel.: 06725/95996,
Fax.: 06725/95997
http://www.vdsf-rlp.de
E-Mail : mholler@vdsf-rlp.de oder
hkossmann@vdsf-rlp.de

LV Westfalen-Lippe e.V.
Bergholz 10,
58119 Hagen
Tel.: 02334/502636,
Fax.: 02334/502637
E-Mail : lvwestflippe@freenet.de

**Verband Hessischer
Sportfischer e.V.**
Rheinstr. 36,
65185 Wiesbaden
Tel.: 0611/302080,
Fax.: 0611/301974
http://www.vhsf.de
E-Mail : vhsf@aol.com

Fischereiverband Saar e.V.
Feldstraße 49,
66763 Dillingen,
Mo.-Mi. von 15–17 Uhr,
Do. von 16-18 Uhr
Tel.: 06831/74776,
Fax.: 06831/704896
http://www.fv-saar.de
E-Mail : info@fv-saar.de

**Badischer Sportfischer-Verband
e.V.**
Feldstr. 130,
68259 Mannheim
Tel.: 0621/7179430,
Fax.: 0621/7179432
http://www.bsfv.de
E-Mail : bsfv_@web.de

**LV Deutscher Sportfischer
Hessen e.V.**
Adriastr. 21,
68623 Lampertheim
Tel.: 06206/911525,
Fax.: 06206/949756
http://www.lvdsfhessen.de
E-Mail: LVDSFHessen@t-online.de

**Verband für Fischerei und
Gewässerschutz in Baden-
Württemberg e.V.**
Urachstr. 34, 70190 Stuttgart
Tel.: 0711/604742,
Fax.: 0711/6402718
http://www.vfg-bw.org
E-Mail : info@vfg-bw.org

**LFV Südwürttemberg -
Hohenzollern e.V.**
Hauptstr. 32,
72488 Sigmaringen/ Laiz
Tel.: 07571/52526,
Fax.: 07571/50497
http://www.lfv-swh.de
E-Mail : info@lfv-swhz.de

LFV Baden e.V.
Bernhardstr. 8, 79098 Freiburg
Tel.: 0761/ 23224, Fax.: 0761/ 37527
http://www.lfvbaden.de
E-Mail : lfvbaden@aol.com

LFV Bayern e.V
Pechdellerstr. 16,
81545 München
Tel.: 089/6427260,
Fax.: 089/ 64272666
http://www.lfvbayern.de
E-Mail: poststelle@lfvbayern.de

**Thüringer Landesangel-
fischereiverband e. V. (TLAV)**
- Verband der Fischwaid und zum Schutz
der Gewässer und Natur e. V.
Postschließfach 100 242, 99002 Erfurt
Moritzstr. 14, 99084 Erfurt
Tel.: 0361/6464233, Fax.:
0361/2622914
http://www.vdsf-thueringen.de
E-Mail: info@tlav.de

Deutscher Anglerverband e.V.

Landesanglerverband Baden-Württemberg

Schorndorfer Straße 26,
73660 Urbach/Rems,
Tel. (07181) 70 66 95,
Fax (07181) 8 84 96 26

Landesverband Bayern

Angler- und Gewässerschutzbund Bayern

Am Kreuzberg 10,
96103 Hallstadt
Tel. (0951) 6 11 99,
Fax (0951) 6 11 98

Landesverband Berlin

Hausburgstraße 13, 10249 Berlin
Tel. (0 30) 4 27 17 28,
Fax (030) 4 28 08 099
http://www.landesanglerverband-berlin.de/

Landesanglerverband Brandenburg

Hauptgeschäftsstelle:
Fritz-Zubeil-Str. 72-78
14482 Potsdam,
Tel. (03 31) 74 30-110,
Fax (03 31) 74 30-111
http://www.landesanglerverband-bdg.de/

Geschäftsstelle Cottbus:
Sachsendorfer Straße 2C,
03058 Groß Gaglow
Tel. (03 55) 3 81 96 14,
Fax (03 55) 3 81 96 15;

Geschäftsstelle Frankfurt/Oder:
Leipziger Straße 34a,
15232 Frankfurt/Oder
Tel./Fax (03 35) 54 99 49;

Landesverband Bremen

Angler-Union Bremen
Am Depot 8,
28777 Bremen
Tel. (0421) 68 20 67

Hanseatischer Angler-Verband

Kreuzstraße 10,
21502 Geesthacht,
Tel. (04152) 7 36 63

Landesanglerverband Hessen

Post an: Rudo Schäfer,
Königsberger Straße 16,
64584 Biebesheim,
Tel./Fax (06258) 8 15 87,
Funk (0160) 8 67 15 56

Landesverband Mecklenburg-Vorpommern

Straße zur Kühlung 21b,
18209 Wittenbeck
Tel.. (038293) 1 26 74 (abends),
Fax (038293) 1 26 74 (ganztägig)
http://www.anglerverband-mv.de.vu/

Landesanglerverband Niedersachsen

Post an: Marcus Achsnick,
Lüneburger Straße 40,
21395 Tespe
Tel. (04176) 14 59

Landesverband Nordrhein-Westfalen

Angler- und Gewässerschutzbund Nordrhein-Westfalen
Postfach 1141,
53910 Swisttal/Heimerzheim,
Tel./Fax (02254) 60 01 51

Landesverband Rheinland-Pfalz

Saarstraße 6, 54441 Schoden,
Tel. (06581) 17 06,
Fax (06581) 17 26

Landesanglerverband Saarland

Zum Lindscheid 18,
66663 Merzig-Besseringen,
Tel. (06861) 7 82 63

Landesanglerverband Sachsen-Anhalt

Mansfelder Straße 33
06108 Halle/Saale,
Tel. (0345) 8 05 80 05,
Fax (0345) 8 05 80 06;
http://www.lav-sachsen-anhalt.de/

Landesverband Sächsischer Angler

Rennersdorfer Straße 1,
01157 Dresden
Tel. (0351) 4 22 25 70,
Fax (0351) 4 27 51 14
http://www.landesanglerverband-sachsen.de/

Anglerverband "Elbflorenz" Dresden:
Rennersdorfer Str. 1,
01157 Dresden,
Tel.(0351) 3 10 60 81,
Fax (0351) 3 10 60 82
http://www.anglerverband-sachsen.de/

Anglerverband Mittlere Mulde Leipzig:
Hugo-Aurig-Straße 7c,
04319 Leipzig-Engelsdorf
Tel. (03 41) 6 52 4 7 9 0,
Fax (03 41) 9 21 78 60
http://www.anglerverband-leipzig.de/

Anglerverband Südsachsen Mulde/Elster:
Augsburger Straße 38,
09126 Chemnitz,
Tel. (03 71) 5 01 53,
Fax (03 71) 5 90 59 55
http://www.anglerverband-chemnitz.de/

Landesanglerverband Schleswig-Holstein

Anglerunion Nord
Ahornweg 26, 25436 Uetersen,
Tel./Fax (04122) 31 53

Regionalangelfischerei-verbände Thüringen

Verband für Angeln und Naturschutz Thüringen:
Rimbachstraße 56,
98527 Suhl,
Tel./Fax (0 36 81) 30 88 76
http://www.anglertreff-thueringen.de/

Angelfischereiverband Ostthüringen:
Naulitzer Straße 47,
07546 Gera;
Tel. (03 65) 4 23 48 35 und (0175)
1 50 49 03,
Fax (03 65) 8 30 13 78
Homepage: http://www.afvot.de/